**Wäsche waschen –
sanft und sauber**

Jean Pütz · Dieter Wundram

Wäsche waschen – sanft und sauber

Das umweltfreundliche Waschkonzept

Die Deutsche Bibliothek – CIP-Titelaufnahme
Hobbythek. – Köln: vgs
Früher u. d. T.: Das Hobbythek-Buch
Pütz, Jean: Wäsche waschen – sanft und sauber. – 7. Aufl.,
überarb. Neuausg. – 1991
Pütz, Jean:
Wäsche waschen – sanft und sauber: das umweltfreundliche
Waschkonzept / Jean Pütz; Dieter Wundram. – 7. Aufl.,
überarb. Neuausg. – Köln: vgs, 1991
(Hobbythek)
ISBN 3-8025-6180-5
NE: Wundram, Dieter:

Bildquellen:

Werksarchiv Henkel, Düsseldorf, S. 9, Abb. 1; S. 17, Abb. 10
Fa. Martin Elektrotechnik, Bad Brückenau, S. 23, Abb. 16 b
Miele & Cie. GmbH & Co., Gütersloh, S. 16, Abb. 9
Fa. Müko, Hof, S. 77, Abb. 39, S. 78, Abb. 42
Alle übrigen Fotos: Cornelis Gollhardt und Stephan Wieland, Köln
Grafiken: Designbureau J. Kremer/G. Mahler, Köln

7. überarbeitete Auflage 1991
© vgs verlaggesellschaft, Köln, 1989
Umschlaggestaltung: Paoen Werbeagentur, Köln
unter Verwendung eines Fotos von Cornelis Gollhardt
Herstellung: Wolfgang Antz
Satz: ICS Communikations-Service GmbH, Bergisch Gladbach
Reproduktion: Regrafo GmbH, Kempen
Druck und Verarbeitung: Universitätsdruckerei H. Stürtz AG, Würzburg
Printed in Germany
ISBN 3-8025-6180-5

Inhalt

Liebe Leser!

Wohl keiner von uns konnte voraussagen, daß wir mit unserem neuen Hobbythek-Thema „Waschmittel" auf Anhieb derart ins Schwarze treffen würden. Bereits nach der ersten Sendung wurden die Läden, die die Zutaten führen, regelrecht gestürmt. Mittlerweile – so schätzen wir, von der Gesamtmenge der verkauften Waschgrundstoffe ausgehend – müssen 70 000 bis 90 000 Menschen unser System ausprobiert haben. Die meisten davon scheinen äußerst zufrieden zu sein, wie die Nachbestellungen beweisen. Auch durch viele Zuschriften und vor allem Telefonate fühlen wir uns voll bestätigt.

Und das, obwohl in unserer Sendung zunächst nur das Baukasten-Waschmittelsystem für leicht- und mittelverschmutzte Wäsche vorgestellt wurde. Es ist sozusagen das Herz der gesamten Konzeption. Bei äußerst niedrigen Waschtemperaturen von 30 bis 40° C können über 70 Prozent der im normalen Haushalt anfallenden Wäsche mit geringstem Energieeinsatz bewältigt werden. Allein das ist schon ein großer Beitrag zum Umweltschutz, denn Energie, die nicht verbraucht wird, braucht auch nicht erzeugt zu werden.

Begriffen haben unsere Zuschauer vor allem auch unsere Absicht, vom Universalwaschmittel Abschied zu nehmen. Ich glaube, wir konnten eindeutig beweisen, daß die Skepsis der Industrie, ein Baukastensystem sei dem Verbraucher zu kompliziert und zu unbequem, völlig unbegründet war. Im übrigen haben wir nicht nur aus Ihrem Kreise, liebe Leser, viel Zuspruch erhalten. Sogar Fachleute der Industrie haben uns gratuliert. Nur zu Kleinigkeiten wurde Skepsis geäußert. So glauben uns Theoretiker immer noch nicht, daß man tatsächlich völlig ohne Entkalker auskommt. Die Praxis hat und wird sie – da sind wir ganz sicher – eines besseren belehren. Ich muß sagen, daß alles in allem die Reaktion der Fachleute äußerst sachlich und kooperativ war, und wir haben sogar manche Tips (gelegentlich auch wahre Geheimtips) aus diesen Kreisen erhalten. Unter anderem konnten wir auf vom Bundesministerium für Forschung und Technologie geförderte Forschungen zurückgreifen.

Uns freut besonders, daß wir auch bei Abwasserspezialisten großen Zuspruch gefunden haben. Dies war ja auch unser Ziel: Die Wäsche zwar genauso sauber zu bekommen wie bisher, aber die Umwelt dabei nicht über Gebühr zu belasten.

Trotzdem, waren nicht alle Reaktionen so ruhig und sachlich. Einigen wenigen Kritikern aus der Bio-Szene ging besonders gegen den Strich, daß wir Abstand von der von manchen so geliebten Schmier- und Kernseife als alleinige Waschsubstanz genommen haben. Wir fragen uns wirklich, was diese Leute gegen uns so aufgebracht hat, wo wir doch am gleichen Strang ziehen. Vielleicht spielt hier Ideologie eine Rolle. In bestimmten Kreisen hat die Seife nach wie vor das Image, besonders ökologisch zu sein, was immer das auch heißen mag. Sie hat eine Aura von Natürlichkeit und wird als das „Bioprodukt" par excellence gepriesen. Dabei ist es unbestritten, daß Kern- und Schmierseife nur durch künstliche chemische Reaktionen gewonnen werden, zumindest diejenigen, die auf dem Markt sind. Und von der mit gefährlicher Natronlauge selbstgemachten Seife können wir nur abraten.

Wir sind ein wenig den Ursachen für die Aufregung nachgegangen und fanden eine aufschlußreiche Verbindung. Es sind fast ausschließlich die Anbieter von sogenannten alternativen Waschmitteln, die uns kritisieren. Sie bauen ihr System weitgehend auf Kern- und Schmierseifen auf. Diese Kritiker scheinen eher die eigenen wirtschaftlichen Interessen im Auge zu haben als eine sachliche Erörterung. Aber so ist das ja vielfach; das kann man nicht nur ihnen vorwerfen. Das hat die Industrie schon sehr häufig vorexerziert. Wir meinen, in diesem Buch ganz eindeutig den Beweis geführt zu haben, daß die Schmier- und Kernseife eben nicht mehr das Nonplusultra ist. Insofern hoffen wir, daß wir diese zum Teil mit unfairen Methoden geführte Auseinandersetzung objektivieren können. Uns liegt viel daran, daß gerade die Menschen, die dem Umweltgedanken höchste Priorität einräumen, nicht verunsichert werden, und daß Umweltschutz nicht unbedingt den Einzelnen teuer zu stehen kommen muß. Wir sind vom Prinzip des kleineren Übels ausgegangen und haben jede einzelne Substanz bis ins letzte unter die Lupe genommen, und ich denke, wir können das im folgenden auch wissenschaftlich hinreichend belegen.

Also glauben Sie bitte nicht falschen Propheten. Trotzdem sind wir zu jeder Diskussion bereit; wir möchten uns auf keinen Fall aufs hohe Roß setzen. Wir würden es sehr begrüßen, wenn unser System zum Beispiel auch in die klassischen Bioläden Einzug finden würde, wo es nach unserer Meinung das Warenangebot sehr gut ergänzen würde. Es geht uns ja allen gemeinsam um die Erhaltung der Umwelt.

Wenn wir jetzt unser System so gelobt haben, müssen wir auch zugestehen, daß es zunächst einige Anfangsschwierigkeiten gab. In etwa ein bis zwei Prozent der Fälle stellten Zuschauer fest, daß unser Waschmittel zu stark schäumen würde. Wir sind der Sache auf den Grund gegangen und meinen, daß das drei Ursachen haben könnte. *Erstens* kann es am Waschmaschinentyp liegen; manche haben größere Trommeln, die relativ schnell laufen und daher viel Schaum schlagen. Der *zweite* Grund mag in der Wasserhärte liegen; je weicher das Wasser, um so mehr Schaum entsteht. Der *dritte* Grund ist darin zu suchen, daß die Haushaltswäsche manchmal gar nicht richtig verschmutzt ist, insbesondere nicht durch fettigen Schmutz. So ist es kein Wunder, daß es etwas stärker schäumen kann, denn Fett bremst, wenn es aus dem Textil herausgelöst wird, automatisch die Schaumbildung. Die Abhilfe ist denkbar simpel. Nehmen Sie entweder einfach etwas weniger von unserem Grundwaschmittel *Bawa*. Sie können es ruhig einmal mit der Hälfte versuchen. Wenn dann aber die Reinigungskraft nicht ausreicht, greifen Sie auf unser *Schaum-Ex* zurück. In ganz seltenen Fällen hat sich

außerdem unser *Probunt* als nicht jedem Extremfall gewachsen erwiesen; es soll ein Abfärben der Textilien bei gemischter Bunt- und Weißwäsche verhindern. Wir konnten nicht ahnen, daß sich manche schlecht gefärbte Textilien quasi selber wie Färbemittel verhalten. Das gilt insbesondere für Rottöne. Wir haben deshalb inzwischen die Konzentration des Wirkstoffs im Probunt erhöht und damit die Gefahr weitgehend behoben (vgl. dazu auch *Seite 56*).

Alles in allem können wir Ihnen nur viel Erfolg und gute Arbeit mit unserem Buch wünschen. Sie werden sehen, daß nicht nur die Umwelt geschont wird, sondern auch Ihr Geldbeutel. Die Konkurrenz der vielen Anbieter der Rohsubstanzen hat bewirkt, daß die Waschmittel pro Waschgang nicht teurer sind als Waschpulver und sogar preiswerter als herkömmliche Flüssigwaschmittel.

Bei der Berechnung der Kosten des Waschgangs sollten Sie übrigens nicht nur die des Waschmittels einbeziehen, sondern auch die Energiekosten. Der Energieaufwand ist, weil ja bei wesentlich niedrigeren Temperaturen waschen, erheblich geringer. Das kann durchaus zwischen einer 30-Grad- und Kochwäsche etwa 1,5 bis 2 Kilowattstunden ausmachen oder in Geld umgerechnet circa 45 bis 70 Pfennig pro Waschgang. Auch das ist ein Argument für unsere Konzeption.

In diesem Zusammenhang noch ein Wort zu den Firmen, die Ihnen die von uns empfohlenen Produkte zugänglich machen. Mittlerweile gibt es sehr viele in Konkurrenz zueinander stehende Anbieter, die sowohl auf Wunsch Ver-

sand betreiben als Ihnen auch in über 150 Läden und sogar Apotheken über die ganze Bundesrepublik verteilt die Produkte inklusive Beratung verkaufen. Aus bestimmten Ecken wurden in letzter Zeit Gerüchte lanciert, daß wir – die Autoren der Hobbythek – Mitbesitzer oder stille Teilhaber dieser Firmen seien. Ich möchte die Gelegenheit wahrnehmen, Ihnen noch einmal zu versichern, daß keiner unserer Mitarbeiter an einer dieser Firmen beteiligt ist bzw. Honorare erhält. Selbstverständlich wir persönlich auch nicht. Helfen Sie uns bitte, gegen diese Form von Diffamierung anzugehen. Erst kürzlich konnte ein ehemaliger Chefredakteur in der Zeitschrift „Parfümerie und Kosmetik" ungehemmt verbreiten: Wir, das war Christine Niklas und ich, kochten unser kosmetisches Süppchen, indem wir am sogenannten Spinnradversandhandel beteiligt seien. Wir haben selbstverständlich alle juristischen Maßnahmen ergriffen, die möglich sind, und der als Herausgeber dieser Zeitung fungierende Hüthig-Verlag, Heidelberg, hat uns bereits eine Unterlassungserklärung zugesandt und den Irrtum bedauert. Das Dementi folgt in der nächsten Ausgabe. Wenn Sie sich fragen, was uns denn letztlich überhaupt reizt? Nun sicherlich nicht nur das Geld, das wir allerdings zugegebenermaßen auch in Grenzen mit diesem Buch als Autoren verdienen. Dahinter steht aber vor allem der Wunsch, als Journalist Erfolg zu haben – und, ehrlich gesagt, ein wenig Besserwisserei. Ich habe mich schon früher immer über meine Ohnmacht gegenüber den Fertigprodukten der Industrie geärgert. Schrecklich finde ich zum Beispiel Fertigspeisen. Ich koche es mir lieber selbst. Dieses Verhalten möchte ich auf viele andere Bereiche übertragen, und um das zu verwirklichen, sind wir leider auf die Anbieterfirmen angewiesen.

Denn wie Sie wissen, brauchen wir sehr viele Produkte, die vom üblichen Handel nicht angeboten werden.

Das gilt ganz besonders jetzt für die Waschmittelrohstoffe. Wir haben es dabei zu unserem Prinzip gemacht, Ihnen jeden Rohstoff einzeln zugänglich zu machen. So ist es jederzeit einem Arzt oder in einigen Fällen auch im Selbstversuch möglich, die Ursache für Allergien durch Tests herauszufinden. Sie können sich gar nicht vorstellen, wie überschwenglich uns manche Menschen danken, daß sie mit diesem System letztlich ihre Hauptprobleme bewältigt haben. Gerade Waschmittel allgemein können ja eine Quelle für Allergien sein, um so mehr, als sehr viele unterschiedliche Substanzen in den herkömmlichen Universalwaschmitteln enthalten sind. Je mehr Substanzen aber eine Mischung enthält, um so hö-

her sind die Allergiegefahren, sie steigen potentiell mit jedem zusätzlichen Inhaltsstoff.

Bei uns wissen Sie, womit Sie letztlich waschen, und Sie können gegebenenfalls auf den einen oder anderen Rohstoff verzichten. Zum Schluß möchte ich nicht versäumen, meinem Koautor Dr. Dieter Wundram für das große Sachwissen und die engagierte Mitarbeit zu danken. Ohne diesen anerkannten Wissenschaftler wäre nichts gelaufen, und ich glaube, wir haben durch ihn erheblich an Glaubwürdigkeit gewonnen. Dank auch an die Mitarbeiter des Verlags der vgs, insbesondere an die Redakteurin Sabine Bartels, die es ermöglicht haben, dieses Buch in so kurzer Zeit zu realisieren.

Und nun wünsche ich Ihnen viel Erfolg und saubere Wäsche.

Ihr

Jean Pütz

PS zur völlig überarbeiteten 7. Auflage:

Es ist geschafft! Unser Waschmittel- und Reinigungskonzept hat sein Optimum erreicht. Im ersten Stadium mußten wir Ihnen noch einige beschwerliche Methoden zumuten, jetzt konnten wir es auf das Einfachste beschränken, dank eines neuen Basis-Waschmittels, das sowohl ökologisch als auch praktisch kaum mehr etwas zu wünschen übrig läßt. Deshalb konnten wir die Anzahl der unterschiedlichen Zutaten des Waschmittelbaukastens beispielsweise auf ein Minimum beschränken und trotzdem alle umweltbezogenen Vorteile wahren. Das Konzept ist dadurch wesentlich übersichtlicher geworden, so daß ich hoffe, daß wir zu einer echten Konkurrenz zu den undifferenzierten Universalwaschmitteln werden, der Umwelt zuliebe. Auch für die alltägliche Reinigung in Küche und Bad oder der guten Stube gibt es umweltfreundliche und wirksame Rezepte. Es gibt viel zu tun: Die Hobbythek setzt am entscheidenden Hebel an.

Wie wuschen unsere Vorfahren?

Abb. 1: Wäscherinnen am Dorfbach, Kupferstich von G. de Galard, Anfang 19. Jahrhundert.

Waschen in der Steinzeit

Ob die Menschen in der Steinzeit sich mit etwas so Profanem wie dem Waschen überhaupt beschäftigt haben, ist nicht überliefert. Auch ihre Höhlenzeichnungen geben darauf keinerlei Hinweise. Wohl aber wissen wir aus diesen Gemälden, daß sie bereits über zweckmäßige Kleidung verfügten; insbesondere Tierfelle scheinen sehr beliebt gewesen zu sein. Möglicherweise setzten sie damals auf Selbstreinigung, was ja, im sonst der Hightech-Industrie so aufgeschlossenen Bayernland, bei den Krachledernen immer noch nach dem Motto praktiziert wird: je speckiger, desto zünftiger. Das soll nicht heißen, daß die „Kultur des Waschens" im deutschen Süden nicht ebenso entwickelt wäre wie in norddeutschen Gefilden; denn unter der Lederhose soll es ja schon im Mittelalter zusätzliche Unterhosen und Beinkleider aus Wolle gegeben haben, was noch weiter im Norden, in Schottland, nicht selbstverständlich war, sofern man verschämten inoffiziellen Berichten glauben darf. Aber offiziell ist dieses Geheimnis ja nie gelüftet worden, und so müssen wir Ihnen die Antwort auch in diesem kleinen, der Sauberkeit gewidmeten Buch schuldig bleiben.

Eins aber können wir ganz sicher verkünden: Wasser ist zum Waschen da. Und damit sind wir fast schon bei unserem Thema. Ob die eigene Haut, das fremde Fell oder mehr oder weniger geschickt verknüpfte bzw. versponnene Tierhaare (sprich Wolle) und Pflanzenfasern (u. a. Leinen aus wildem Flachs) — irgendwann sind diese alle sicher auch schon in der Steinzeit

Abb. 2: Handgewaschene Wäsche flattert heute nur noch selten auf der Leine.

zwecks Reinigung mit Wasser in Berührung gekommen, und sei es nur ungewollt durch einen Platzregen, der in damaliger Zeit ganz sicher noch nicht so sauer war wie heute.

Trotz allem werden die Menschen irgendwie intuitiv erkannt haben, daß die Reinigungskraft des Wassers ihre Grenzen hat. Da später die Germanen lieber auf dem Bärenfell lagen als zu arbeiten, ganz im Gegensatz zu uns, ihren direkten Nachfolgern, merkten sie auch gar nicht, daß Physik und Chemie durchaus Mittel und Wege zur besseren Reinigung bereithielten. So behielten sie ihre Unschuld und pfiffen auf den Waschtag, welcher Jahrhunderte später ganze Generationen außer Atem brachte. Recht hatten sie, wie wir in folgenden Abschnitten noch beweisen werden.

Waschen in Altertum und Mittelalter

Eine anrüchige Geschichte

Bevor Sie wirklich weiterlesen, empfehlen wir Ihnen, die Nase zuzuhalten, oder machen Sie wenigstens die Augen zu. Da Sie letzterer Aufforderung offenbar nicht gefolgt sind, übernehmen wir keine weitere Verantwortung. Unsere Geschichte beginnt mit: Es war einmal — aber trotzdem, es ist eine stinkige und wahre Vergangenheit.

Eines der ersten offenbar äußerst wirksamen Waschmittel, dessen sich viele Völker bedienten, die wir auch als Vorläufer unserer Kultur betrachten, war *Urin* — gefaulter, zersetzter Urin. Die frühen Hochkulturen in Mesopotamien, also die Sumerer und Babylonier, sind aller Voraussicht nach als erste auf diese Idee gekommen. Über mehrere Jahrtausende blieb diese „Technologie" sehr beliebt, selbst die Römer bedienten sich noch ihrer. Die Toga des vornehmen Römers bestand, wenn's besonders feierlich zugehen sollte, aus weißer Wolle und wurde als Statussymbol der Reinlichkeit getragen. Man gab die Bekleidung daher häufig den Wäschern, die eigentlich Urinspezialisten waren. Obwohl im wahrsten Sinne „anrüchig" brachte es dieses Gewerbe zu einem erstaunlichen Wohlstand. Als Kaiser Vespasian von den Wäschern hohe Steuern eintreiben wollte, gab es Proteste — wie immer in solchen Fällen. Erstaunlicherweise kamen diese Proteste auch aus dem kaiserlichen Hofrat. Daraufhin formulierte der Kaiser erstmals den berühmten Freispruch aller Geldanbeter: „Pecunia non olet." Übersetzt heißt das: Geld stinkt nicht. Aber warum muß denn das Waschen oder die Wäsche wirklich so stinken? Dies mögen sich manche Nasenbären der damaligen Zeit gefragt haben. Oft ist der Wunsch der Vater der Problemlösung, und so gab es tatsächlich schon bald einige Alternativen.

Abb. 3: Asche war eines der ersten Waschmittel – die alten Sumerer verwendeten sie. Die eigentliche waschaktive Substanz ist die sogenannte Pottasche, K_2CO_3.

Erste Seifen

Die Sumerer kannten bereits die Reinigungskraft der *Asche* — Sie lesen richtig, daß Asche mit Wasser vermischt reinigen kann, insbesondere wenn die Asche reich an Kalium ist. Beispielsweise gewann man sie damals aus verbrannten Dattelpalmen, aus Tannenzapfen und den anspruchslosen Tamaripflanzen, die sogar auf salzreichen Wüstenböden gedeihen. Als eigentlich waschwirksame Substanz bildet sich unter anderem die sogenannte *Pottasche*. Die moderne Chemie hat sie als eine Verbindung von Kalium, Kohlenstoff und Sauerstoff analysiert (K_2CO_3), die man heute präzise Kaliumkarbonat nennt.

Als waschwirksam erkannten die alten Ägypter zusätzlich die Soda, auch Natriumkarbonat oder kohlensaures Natron genannt. Sie fanden es in der Wüste als Mineral, z. B. in ausgetrockneten Salzseen oder als Bodenausblühung und Bodenkruste. Soda entsteht aber auch durch Verbrennen von kochsalzhaltigen also natriumchloridhaltigen Meerespflanzen, wodurch wir wieder bei der Asche angelangt wären. Häufig bildete sich bei der Verbrennung von Pflanzen auch eine Mischung mit Pottasche.

Sogar die Seife war seinerzeit schon bekannt. Man gewann sie zum Teil aus seifenhaltigen Pflanzen oder durch Verkochen von Soda bzw. Pottasche mit Fett oder Pflanzensäften. Die eigentliche Waschkraft der Seifen wurde aber erst später richtig erkannt. Zunächst wurde diese Seife als Haarpomade bzw. Medizin zur Behandlung von Hautkrankheiten benutzt. Es lohnt sich aber nicht, dieses alte Heilmittel wieder hervorzukramen, denn viele der damaligen Hautkrankheiten entstanden eigentlich durch Mangel an Körperpflege. So ist es kein Wunder, daß diese Seifenabkömmlinge wie eine Art Medizin wirkten, einfach durch die Sauberkeit, die die Behandlung als Nebeneffekt brachte. In unserem Zeitalter ist es eher umgekehrt: Da führt übertriebene Hygiene durch zu viel Seife zu einer anderen Art von Hauterkrankung (mehr dazu im Hobbythek-Buch „Cremes und sanfte Seifen").

Erst im 2. Jahrhundert nach Christus scheint speziell den Römern auch die Reinigungswirkung von Seife bewußt geworden zu sein. Als besonders geschickt im Seifenkochen erwiesen sich die Araber des 7. und 8. Jahrhunderts, direkt nach der Zeit, als Mohammed den Islam gründete. Mit Ausbreitung dieser Religion kam die Kunst des Seifensiedens über Spanien nach Europa und später, nach der Rechristianisierung, weiter nach Frankreich und Italien. Im Mittelalter entstanden am Mittelmeer regelrechte Seifenzentren. Begünstigt wurde dies dadurch, daß dieses neue „Waschmittel" insbesondere durch Sieden von Olivenöl mit der Asche von Meerespflanzen gewonnen wurde. Sevilla und Alicante in Spanien, Montpellier und Marseille in Frankreich, Genua und Savona in Italien wurden berühmt ob ihrer Seifenqualitäten.

Unter anderem entwickelten sich diese Städte auch deswegen zu blühenden mittelalterlichen Handelszentren.

Später siedelten sich die Seifensieder auch in England und den Niederlanden und bis ins Rheinland hinein an. Daß in Köln ein Parfüm-Zentrum entstand, ist unter anderem auch auf den Wunsch nach Seifenparfümierung zurückzuführen. Diese Zeit reichte etwa bis ins 19. Jahrhundert. Mittlerweile war die Chemie so weit fortgeschritten, daß man gezielt zwischen Natriumseife, der sogenannten Kernseife (die wird fest oder flockig) und der Kaliumseife (Schmierseife) unterscheiden konnte.

Abb. 4: Die gute alte Schmierseife leistet heute beim Reinigen von Steinfußböden immer noch gute Dienste.

Höchster Luxus — die Seife

Wir dürfen uns über die Anwendungsbreite aber keine übertriebenen Vorstellungen machen. Seife — insbesondere die Kernseife — war ein absoluter Luxusgegenstand, den konnten sich nur betuchte Häupter leisten. Dies gilt mit kleinen Einschränkungen, denn die französischen Könige des 17. und 18. Jahrhunderts (die Ludwig-Dynastie)

Abb. 5: Kernseife gibt es in Flockenform und im Stück.

sowie ihre Hof- und würdevollen Zeitgenossen hielten offenbar nicht sehr viel vom Waschen ihres Körpers. Sie puderten sich lieber, was zwar den Schweiß absorbierte, den infernalischen Körpergeruch aber nicht beseitigte — der wurde dann mit Parfüms überdeckt, wodurch die Parfümindustrie zu höchster Blüte gelangte. Ob mit dem Waschen der Textilien ähnlich verfahren wurde, ist zu bezweifeln, denn im höfischen Leben wurde bestimmt Wert auf eine saubere Weste gelegt. Aber dafür gab's genug arme Leute, die den Dreck von den Textilien der Herrschaften beseitigen mußten. Wer sich in diese Atmosphäre vertiefen möchte, dem empfehlen wir Schriftsteller wie z. B. Emile Zola oder Victor Hugo. Wer eine Prise des damaligen Duftes, der überall in der Luft lag, genießen möchte, der kann dies sehr schön beim zeitgenössischen Schriftsteller Patrick Süskind in seinem Roman „Das Parfüm" nachriechen.

Damit sind wir auch schon fast in der Moderne angelangt. Und zu diesem Kapitel habe ich, Jean Pütz, etwas Persönliches beizusteuern.

Waschen in den letzten hundert Jahren

Zurück zu Omas Zeiten?

Diesen Abschnitt möchte ich all denen widmen, die sich die „gute alte Zeit" herbeiwünschen, so nach dem Motto: Früher war alles besser, da war die Welt noch in Ordnung. Da möchte ich doch ernste Bedenken anmelden. Ich bin jetzt Anfang fünfzig und kann mich noch sehr gut an meine Kindheit erinnern. Ich stamme aus dem kleinen luxemburgischen Moselstädtchen Re-

Abb. 6: Noch im ersten Drittel unseres Jahrhunderts wurde an der Mosel so gewaschen, wie hier in Remich.

Abb. 7: In dieser historischen Wäschekiste kniend konnten sich die Waschfrauen vor dem Wasser schützen. Auf dem Brett davor wurde die Wäsche geschlagen.

mich, und ein solches Bild wie hier habe ich noch lebendig vor Augen, wenngleich dieses historische Foto aus dem Jahre 1925 stammt. Wir Kinder fanden den Waschtag schrecklich; Gott sei Dank fand er aber bestenfalls nur ein- bis zweimal im Monat statt. Die Wäsche wurde zunächst zu Hause in großen Waschbottichen erhitzt und dann ein bis zwei Tage eingeweicht. Als Waschmittel benutzten wir weitgehend Soda und sogenanntes Eau de Javel. Das ist eine Art Bleichwasser, das Sie bitte nicht verwechseln sollten mit Eau de Cologne, dem Duftwasser. Noch heute geht mir der penetrante Geruch von Eau de Javel nicht aus der Nase. Nach erneutem Aufkochen wurde die

Wäsche dann im noch heißen Zustand auf einem Leiterkarren in einer „Bütt" an die Mosel kutschiert und dort, direkt am Ufer, im Flußwasser weiterbearbeitet. Das geschah in der Regel in Waschkisten, die ins Wasser gestellt wurden und in die man sich knien konnte, ohne daß die Beine naß wurden. In *Abbildung 7* sehen Sie eine solche Kiste, die wir aus dem Possen-Museum aus *Bechkleinmacher* direkt bei Remich für unsere Studioproduktion ausgeliehen hatten. Auf diesen Waschkisten wurde dann die Wäsche kräftig geschrubbt oder mit dem Waschflegel geschlagen. Wie wir gleich noch am Waschkreis (vgl. *Abbildung 17*) sehen werden, gehört zum Säubern der Wäsche auch die

mechanische Energie. Auch damals gab es schon kreative Leute, die eine Vorgängerin der Waschmaschine erfunden haben, wie auf *Abbildung 8* zu sehen. Auch dieses Gerät stammt aus dem Possen-Museum. Es war ein halb-

Abb. 8: Das Possen-Museum in Luxemburg (Bech-Kleinmacher) hat uns für die Hobby-thek-Sendung eine alte „Waschmaschine" ausgeliehen, in der durch Hin- und Herbewegung des Griffes die Wäsche gegeneinander gescheuert wurde.

kreisförmiger Behälter, in den unten die Wäsche zusammen mit der Lauge eingebracht wurde, und oben drauf wurde dann das ebenfalls halbkreisförmige Gestell gesetzt, das hin und her bewegt werden konnte. Dadurch entstand eine ähnliche Bewegung wie sie durch Rubbeln auf den Waschbrettern vollzogen wird. Diese „Waschmaschine" hatte immerhin den Vorteil, daß man nicht mit den Händen permanent mit der aggressiven Soda-Lauge in Berührung kam. Anschließend wurde die Wäsche dann im Moselwasser ausgespült und auf den nahen Wiesen gebleicht. Heute ist übrigens an dieser Stelle ein riesiger Parkplatz entstanden, denn wer braucht heute noch Wiesen zum Bleichen.

Nun glauben Sie bitte nicht, daß diese Schilderung übertrieben sei. Ich habe das wirklich so erlebt, und dabei war unsere Familie noch privilegiert, denn für die empfindlichsten Wäschestücke hatten wir schon die Schmier- und Kernseife zur Verfügung. Aber diese Seifen waren auch damals noch teuer, und so wurden die robusteren Stoffe immer noch mit Soda gewaschen. Die Hände meiner Großmutter und Mutter sahen entsprechend aus. Seitdem weiß ich, was aggressive Waschmittel für Folgen haben können.

Fünfzig Jahre vorher, also etwa bis zur Jahrhundertwende, gab es noch nicht einmal diese Hilfsmittel. Da wurde die Wäsche ähnlich wie bei den Sumerern noch mit Holzasche gewaschen. Man füllte sie in Leinensäckchen ab, legte sie in den Waschbottich, packte die trockene Wäsche hinein und goß von oben heißes Wasser drauf. Wurde das Wasser zu kalt, dann zapfte man es unten teilweise wieder ab und erhitzte die Lauge erneut. Der Begriff „Lauge" stammt übrigens von diesem Auslaugen der Holzasche. Auch diese Lauge war alles andere als hautfreundlich.

Da stellt sich natürlich die Frage, ob denn dieses anstrengende, langwierige Waschen wenigstens umweltfreundlicher gewesen ist. Leider kann man auch das nicht behaupten. Aber das fiel deshalb nicht so ins Gewicht, weil die Leute viel seltener gewaschen haben als heute.

Man muß sich das einmal vorstellen: Ein Bürger, der etwas auf sich hielt, etwa aus der Mittel- bis Oberschicht, kam zum Teil mit nur ein bis zwei Waschtagen im Jahr aus. Deshalb legte man damals vermutlich auch so viel Wert auf die Aussteuer, denn Sie können sich vorstellen, wie groß da der Vorrat im Wäscheschrank sein mußte. Die armen Leute mußten notgedrungen ein- bis zweimal im Monat waschen, weil sie sich so viele Wäschestücke nicht leisten konnten.

Wenn wir heute unsere Wäsche so selten reinigen würden, dann wären die modernen Waschmittel sogar noch umweltfreundlicher als Pottasche, Soda, Eau de Javel und Seife. Sie hören richtig, selbst die heute immer als so ökologisch gepriesene Kern- und Schmierseife schneidet ungünstig ab. Wir werden das später noch belegen.

Moderne Zeiten — die Waschmaschine

Auch an unsere erste Waschmaschine kann ich mich noch gut erinnern. Direkt nach dem Kriege war sie ein Weihnachtsgeschenk für meine Mutter: eine Bottich-Waschmaschine von Miele! Sie bestand im Prinzip aus einem halben holzfaßähnlichen Behälter, der auf einem Gestell stand. Natürlich konnte man damals die Wäsche noch nicht darin erhitzen. Das mußte immer noch im Waschkessel mit entsprechender Einweichphase passieren. Aber das Schrubben fiel wenigstens weg. Dies übernahm ein sich hin und her bewegendes Waschkreuz, das über einen Riemen von einem vorsintflutlichen Motor angetrieben wurde, der noch nicht einmal von selbst anlief. Er mußte regelrecht angeworfen werden. Uns fehlten damals ganz einfach die 10 Mark, die eine Anlaufvorrichtung zusätzlich gekostet hätte. Wenn man dieses Anwerfen vergaß, konnte der Motor durchbrennen. Und da mir das als kleiner Junge einmal passierte, habe ich mich später besonders darum bemüht zu verstehen, warum ein Kondensator zum Anwerfen notwendig ist. Aus diesem Grübeln entstand schließlich mein Berufswunsch, Elektromechaniker zu werden, den ich später auch realisierte.

Aber wer macht sich heute da noch Gedanken drüber. Wir werfen die Wäsche in unsere Waschmaschine, kommen nach ein bis zwei Stunden zurück, und alles ist gewaschen und fast trocken — dank integrierter Schleudereinrichtung. Damals mußten wir mangels Mittel sogar unsere Wäsche noch auswringen, doch nach einem Jahr erhielten wir als Zusatz zur Waschmaschine eine handbetriebene Wäschemangel, die zwischen zwei Walzen die Nässe auspreßte.

Ich muß dazu sagen, daß wir vor ca. 50 Jahren nicht immer das technologisch modernste Waschmittel verwendet haben. Das ist um so erstaunlicher, wenn man bedenkt, daß Waschmittel auch damals schon zu den liebsten Geschöpfen der Werbung zählten.

Entwicklung der Waschmittel

Persil war einer der ersten echten Markenartikel, und von Anfang an zog der Gründer des heutigen Weltwaschmittelkonzerns, Fritz Henkel, alle Register der jungen Werbekunst. Ganzseitige Zeitungsannoncen, Plakate und ein Heer von Beratern verkündeten die wirkliche und angebliche Qualität im ganzen Land.

Geschickt war der Gründer Fritz Henkel auch in der Namensfindung. Aus Henkels Bleichsoda wurde Henko, aus einer Mischung von Perborat und Silikat wurde Persil. Beides wurde interessanterweise schon damals als Universalwaschmittel verkauft. Später erhielt Persil im wahrsten Sinne des Wortes einen „Persilschein", d. h., im Prinzip konnte man unter diesem Namen alles mögliche verkaufen. So ist es kein Wunder, daß im heutigen modernen Persil etwas ganz anderes enthalten ist als im ursprünglichen. Mit einer kleinen Ausnahme: Mittlerweile ist man wieder zum Silikat als wasserenthärtender Substanz zurückgekehrt.

Die Geschichte von Persil ist exemplarisch für die Entwicklung der Waschmittel ganz allgemein. Am Anfang stand der Wunsch, ein selbsttätiges Waschmittel zu entwickeln – der Traum von den fleißigen Heinzelmännchen in Form von kleinen aktiven Waschmittelmolekülen. Die Waschmittel konnten zwar objektiv bei weitem nicht das erfüllen, was versprochen wurde, aber dafür waren die Werbemethoden um so perfekter.

Anfangs glaubte man noch mit immer mehr Komponenten zum Ziel zu gelangen: Soda, Silikat, Natriumperborat

Abb. 9: Eine Bottich-Waschmaschine von Miele, wie sie nach dem Zweiten Weltkrieg noch in manchen Haushalten verwendet wurde.

waren die ersten Substanzen. Dieses aus mehreren Bestandteilen bestehende Waschmittel löste nicht nur Fettflecken, sondern ersparte auch die aufwendige Fasenbleiche. Dann wurde Soda, die wie Textilien, aber auch die Haut der Wäscher stark angreift, durch Seifenflocken ersetzt. Die Seife wurde zunächst wie in alter Zeit aus Rindertalg, Schweinefett, aber auch aus Rizinusöl, Olivenöl sowie aus tropischen Ölen, wie Palmen- und Kokosöl, gewonnen. Später kamen dann die Öle aus der Kohle- und Erdöldestillation dazu. Mit diesen gelang es, synthetische Seifen, sogenannte *Syndets,* herzustellen. Seifen im klassischen Sinne waren das zwar nicht, aber sie hatten ähnliche Eigenschaften, zumindest was die Art und Weise der Schmutzlösung anbelangt.

Abb. 10: Wiener Waschmädel auf einem historischen Persilplakat aus dem Jahr 1911.

Chemie des Waschens — Tenside

Um die Wirkung der Seifen und Syndets zu verstehen, empfiehlt es sich, die Welt der kleinen Teilchen besser kennenzulernen. Zur Vereinfachung wählen wir ein „begreifbares" Modell. So ein winziges Seifenmolekül ist ein Zwitterwesen. Man kann es sich wie eine Mikrokeule vorstellen, mit einem Keulenkopf und einem Keulenstiel. Der Stiel besteht chemisch gesehen aus zu einer Kette verknüpften Kohlenstoff- und Wasserstoffatomen. Bei den Seifen stammen diese Ketten aus Resten von Fetten, den sogenannten Fettsäuren (vgl. *Abbildung 11*). Bei den Syndets stammen diese Fette aus Kohle- oder Erdölprodukten, z. B. den Paraffinen. Heute setzt die chemische Industrie wieder eher auf nachwachsende Rohstoffe, insbesondere auf pflanzliche Fette. Damit kann sie genauso gut synthetische Waschrohstoffe erzeugen wie aus den Erdölprodukten.

Aufgrund seiner fettigen oder öligen Herkunft hat der Stiel der Keule eine bestimmte Eigenschaft: Er ist fettliebend und gleichzeitig wasserabstoßend. Der Kopf der Keule besteht demgegenüber, z. B. im Falle der Kernseife, aus zwei Sauerstoff- und einem Natriumatom. Bei der Schmierseife ist das Natriumatom übrigens durch ein Kaliumatom ersetzt. Der Kopf bekommt aus dieser chemischen Kombination ebenfalls seine Eigenschaften: Er ist wasserliebend, aber fettabweisend. Fettliebend auf der einen Seite, wasserliebend auf der anderen, diese Polarität bestimmt das Verhalten der Seifenmoleküle.

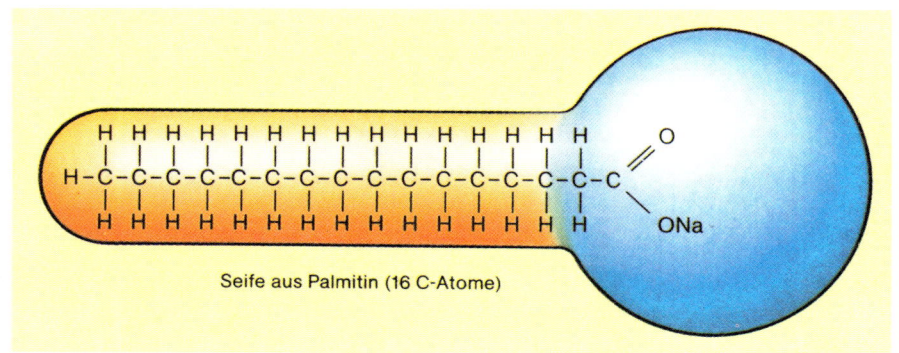

Seife aus Palmitin (16 C-Atome)

Abb. 11: Beispiel für ein Tensid-Molekül mit fettliebendem Stiel und wasserliebendem Kopf.

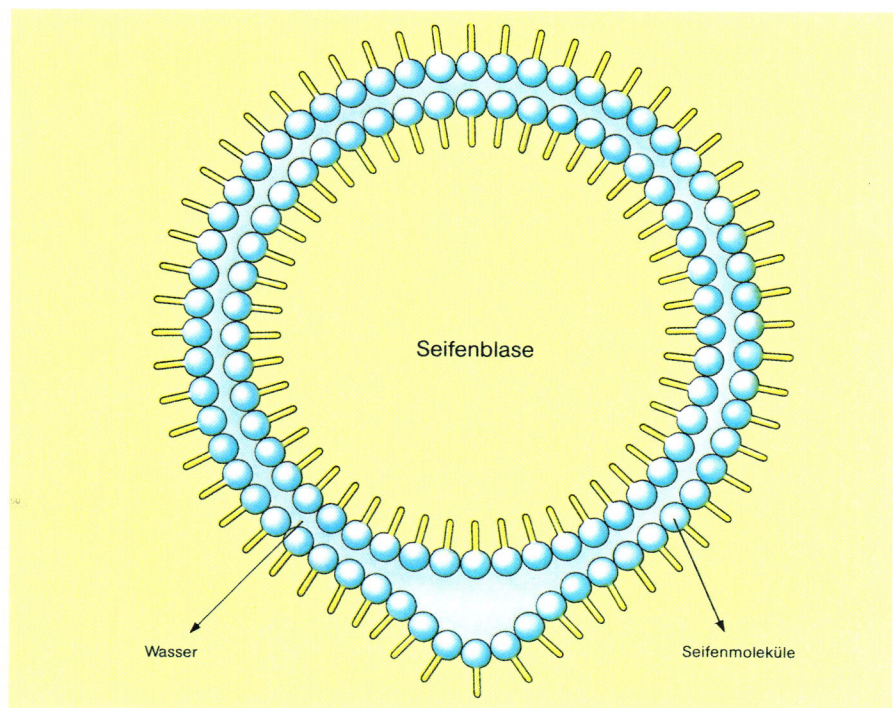

Seifenblase

Wasser

Seifenmoleküle

Abb. 12: Eine Seifenblase besteht aus einer doppelten Schicht von Tensid-Molekülen, deren Köpfe zu der dünnen Wasserschicht hin ausgerichtet sind.

Die fettliebenden Enden wollen nach Möglichkeit weg vom Wasser. Dies ist aber nur an der Wasseroberfläche möglich. Sie ziehen die wasserliebenden Köpfe mit dorthin und ordnen sich schön in Reih und Glied, sozusagen Köpfchen in das Wasser, Schwänzchen in die Höh'. Die Seifenmoleküle benetzen die Oberfläche des Wassers. Sie können sogar membranenähnliche Gebilde schaffen, wie das jeder von Schaum oder Seifenblasen her kennt. Mit dieser Eigenschaft bauen Seifen die Oberflächenspannung von Wasser ab. Wie hoch diese Oberflächenspannung sein kann, können Sie selbst an einem kleinen Experiment nachvollziehen.

Verblüffen Sie doch ganz einfach mal Ihre Gäste mit der Bemerkung, daß massives Eisen schwimmen kann. Wer's nicht kennt, wird sicherlich Wetten dagegen abschließen. Hier nun der Versuch: Wenn Sie behutsam eine Rasierklinge auf die Wasseroberfläche legen, dann sinkt sie nicht unter, sondern sie reitet quasi auf der Wasseroberfläche, als ob diese von einer Folie überzogen wäre. Sie können sich bei der Erklärung dieses Phänomens auf den Wasserläufer beziehen, ein Insekt, das ja scheinbar mühelos über Teich- oder Pfützenoberflächen laufen kann. Erst ein Tropfen Flüssigseife, Spülmittel oder auch eines modernen Syndets (auch Tensid genannt), den sie an einer ganz anderen Stelle ins Wasser träufeln, läßt die Klinge umgehend absinken. Die Seifen- oder Tensidmoleküle besetzen die Wasseroberfläche und bauen die Spannung ab. Spannung heißt übrigens auf lateinisch *tensio*. Daher kommt auch der Begriff Tensid, weil dadurch die

Abb. 13: Tensidmoleküle im Modell, an denen wir zeigen, daß sie sich nach dem Lied verhalten: „Köpfchen in das Wasser Schwänzchen in die Höh'".
Abb. 14: Durch die Oberflächenspannung schwimmt die Rasierklinge auf dem Wasser.

Oberflächenspannung abgebaut und das Wasser entspannt wird.

Sie fragen sich vielleicht, warum man denn überhaupt entspanntes Wasser zum Waschen braucht? Normales Wasser würde die Textilien nicht richtig benetzen, manchmal sind nämlich die Fasern selbst wasserabstoßend, so als ob sie imprägniert wären. Beispielsweise schwimmt unbehandelte Watte häufig auf dem Wasser, ohne sich vollzusaugen. Die Wasserabstoßung wird besonders groß, wenn Öl- oder Fettflecken im Gewebe sind. Aber auch

dann können Seifen oder moderne Tenside helfen, indem sie mit ihren fettliebenden Stielen den Hebel im wahrsten Sinne des Wortes ansetzen. Sie bohren sich damit in das Fett und heben im Wasser den Fettfleck vom Gewebe ab. Die von Tensidmolekülen umhüllten Schmutzteilchen laden sich negativ auf und stoßen sich gegenseitig ab. Dadurch wird verhindert, daß sich der Schmutz erneut auf der Wäsche ablagert (vgl. *Abbildung 15*). Seifen oder Tenside wirken daher als Schmutzlöser.

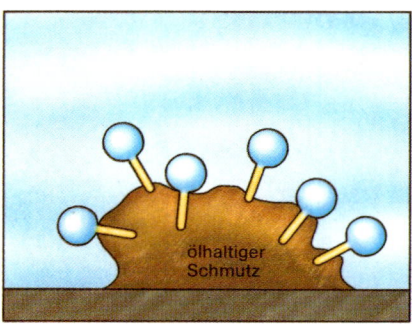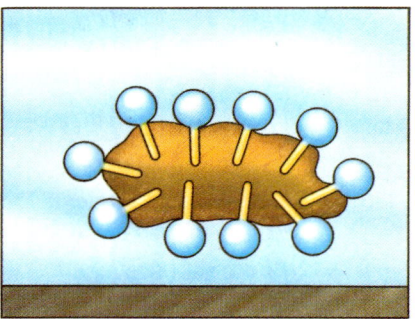

ölhaltiger Schmutz

Abb. 15: So beseitigen Tenside fettigen Schmutz. Links: Die Moleküle des Waschmittels dringen in den ölhaltigen Schmutz ein; rechts: und transportieren ihn – gewissermaßen abgehoben durch ihre wasserliebenden Köpfe – im Wasser fort.

Moderne Tenside sind wesentlich waschaktiver als Seifen, und trotzdem sind sie, zumindest anfangs, sehr stark ins Gerede gekommen. Die ersten Tenside hatten einen entscheidenden Konstruktionsfehler: Sie waren gar nicht oder nur sehr schwer biologisch abbaubar. Dazu kam ihr massenhafter Verbrauch, der plötzlich die Abwässer und Flüsse mit Tensiden überschwemmte. Betriebsblindheit verursachte, daß man mehr Wert auf die Waschkraft als auf die Umweltverträglichkeit legte. Kein Wunder, daß die Bäche und Flüsse zum Teil regelrecht überschäumten. Heute achten die Chemiker wesentlich stärker auf solche Kriterien, teils getrieben durch ein gestärktes Umweltbewußtsein, andererseits aber auch durch gesetzliche Vorschriften. Zumindest bei bestimmten Tensiden ist das Problem der Umweltverträglichkeit gelöst. Wir von der Hobbythek haben uns in unseren Rezepturen dieser Tenside bedient (vgl. Seite 57). Aber soweit sind wir eigentlich noch nicht. Zunächst möchten wir noch den Weg zum Vollwaschmittel heutiger Prägung weiterverfolgen.

Weitere Waschzusätze

Die ersten synthetischen *Tenside* wurden 1933 entwickelt, 1950 kamen *optische Aufheller* hinzu, 1954 *Parfümöle,* die auch der Nase was zugute kommen ließen, und mit dem Aufkommen der modernen Trommelwaschmaschine wurde sehr bald die Notwendigkeit erkannt, die Schaumbildung zu begrenzen. Das machte man durch *Schaumregulatoren,* wie Silikonöle usw. Es zeigte sich auch, daß viel Schaum keineswegs ein Zeichen für besondere Waschkraft sein muß. 1960 ging man dann der Wasserhärte an den Kragen. Die Seife, aber auch manche der damaligen Tenside waren äußerst härteempfindlich, d. h. über ein Drittel der Seifensubstanz ging dadurch dem eigentlichen Waschprozeß verloren. Mit Natriumphosphaten glaubte man diesem Übel endgültig den Garaus gemacht zu haben. Aber leider war das wieder ein Irrtum. Die Wäsche wurde zwar sauber, aber die Umwelt, genauer die Gewässer wurden arg strapaziert. Phosphate sind Düngesubstanzen, und so liefen unsere Gewässer permanent Gefahr, überdüngt zu werden. Manchmal kippten sie wegen des daraus resultierenden Sauerstoffmangels sogar um.

1961 wurde das erste Umweltgesetz für Waschmittel erlassen. Es galt zunächst nur für Tenside, die in Zukunft biologisch abbaubar sein mußten. Leider wurde damals an die Geschwindigkeit des Abbaus keine strenge Forderung gestellt. Auch Phosphate durften bis in unsere Tage bleiben. Erst Bürgerproteste und immer wieder Warnungen von ökologisch orientierten Wissenschaftlern haben einen „Selbstreinigungsprozeß" bewirkt. Wie wir wissen, kann es sich heute kaum eine Waschmittelfirma mehr leisten, auf phosphatfreie Waschmittel zu verzichten.

1963 wurden, wie man damals glaubte, revolutionierende neue Tenside, sogenannte kationische Tenside, entwickelt. Bis dahin waren die meisten Syndets anionisch. Diese Begriffe beschreiben die Tatsache, daß die Tensidmoleküle sich entweder negativ (anionisch) oder positiv (kationisch) aufladen können. Aus den kationischen entstanden dann unter anderem die Weichspüler, die sich später ebenfalls nicht als die umweltfreundlichsten herausstellten.

1966 kam noch eine weitere Komponente hinzu, die optischen Aufheller. Eine ähnliche Substanz kannte man schon von früher, das sogenannte Wäscheblau. Dabei handelte es sich um eine blaue Textilfarbe, die die Wäsche leicht blau färbte. Der Effekt beruht darauf, daß Blau mit Gelb (vom berühmten Gilb) zusammenkommt, und diese Mischung für das Auge wieder weiß erscheint. Heute geht man noch raffinierter vor. Man verwendet Lichtwandelfarben, die ultraviolettes, unsichtbares Licht in sichtbares weißes Licht umwandeln. Ultraviolettes Licht kommt sowohl im Tageslicht von der Sonne als auch im Licht, das von Leuchtstoffröhren abgestrahlt wird, reichlich vor. Ob ein Hemd mit optischen Aufhellern gewaschen ist, können Sie sehr schön im ultravioletten Schwarzlicht erkennen, z. B. in der Disco. Dort kommt der Aufheller sehr gut zur Geltung, aber leider nicht nur auf weißem Stoff, sondern auch auf dunkler Kleidung. Sie kennen das bestimmt, wenn Ihr angeblich frischgewaschenes Hemd mit weißen Flecken und Streifen übersät ist. Das sind die Nachteile eines solchen Vollwaschmittels, das eine Kombination aus vielen nötigen und unnötigen Substanzen enthält. Bei unserem Waschsystem kann Ihnen das nicht passieren, denn wir können beim Waschen von dunklen Stoffen natürlich auf optische Aufheller verzichten.

Schließlich kam im Jahr 1966 noch ein weiterer Zusatz ins kommerzielle Waschmittel, die *Waschenzyme*. Die Enzyme haben dem Waschpulver eigentlich zum ersten Mal eine echte selbsttätige Komponente verliehen.

Enzyme sind wichtige Werkzeuge der Natur, weil sie fast immer am Aufbau der organischen Substanz beteiligt sind, aber auch – Gott sei Dank – beim Abbau, sonst würden wir in unserem eigenen Abfall ersticken. Insofern ist gegen Enzyme, zumindest vom Umweltstandpunkt, nichts einzuwenden; es sei denn, jemand ist allergisch dagegen, was man bei unserem Baukastensystem aber leicht herausfinden kann. Gerade deswegen haben wir die meisten Rohstoffe für jedermann einzeln zugänglich gemacht. Wir verfolgen hier die gleiche Absicht wie mit unserer Selbstmacher-Kosmetik, bei der wir mit diesem System äußerst positive Erfahrungen gemacht haben (zum Allergietest vgl. weiter unten). Grundsätzlich ist allerdings die Allergiegefahr nicht übermäßig groß, vorausgesetzt Sie achten darauf, daß Sie beim Waschen nicht direkt mit der Enzymsubstanz in Berührung kommen. Beim Hantieren damit empfehlen wir Ihnen, in jedem Fall Gummihandschuhe zu tragen. Die Kleidung, die Sie damit gewaschen haben, birgt hingegen keine Gefahren, denn das Enzym läßt sich sehr leicht im Spülgang herauswaschen.

Im Gegensatz dazu treten Allergien bei anderen häufig vorkommenden Bestandteilen der Universalwaschmittel, z. B. den kationischen Tensiden (vgl. *Seite 35*) häufig deshalb auf, weil sie auf die Wäschefaser aufziehen und dann natürlich mit der Haut in Berührung kommen. Kationische Substanzen sind – wie schon erwähnt – in Weichspülern, aber auch in Wollwaschmitteln enthalten. Deshalb verwenden wir sie in unseren Rezepten nur selten. Nur im Wollwaschmittel haben wir

sie eingebaut. Aber dort wurde ein kationisches Tensid ausgewählt, das eigentlich gar nicht für Wolle, sondern für Shampoos vorgesehen ist. Zwischen Wolle und Haaren bestehen nur ganz geringe Unterschiede, denn Haare sind ja nichts anderes als „Kopfwolle".

Das bringt zwei Vorteile: Einerseits ist diese Substanz besonders gut von Hautärzten auf Allergenität getestet worden, und andererseits ist sie außerordentlich mild. Trotzdem empfehlen wir Ihnen, wenn Sie zu Allergien neigen, den Allergietest (vgl. Schminken, pflegen, schönes Haar, *Seite 36 f.*).

Kommen wir noch einmal zurück zu den Enzymen. Sie sind vom technologischen Standpunkt her ein großer Fortschritt. Allein durch ihre Anwesenheit lösen sich hartnäckige Verschmutzungen, wie Milch, Eigelb, Blut oder Kakao, selbsttätig auf. Verantwortlich dafür sind bestimmte Enzyme, sogenannte *Proteasen*, die Eiweiß ohne hohe Temperaturen und starke Wäschebewegung (Rubbeln) aufspalten. Diese eiweißabbauenden Enzyme waren die ersten, die auch in herkömmlichen Waschmitteln eingesetzt wurden.

Leider wird dem Verbraucher selten gesagt, daß diese Enzyme auch die Haut angreifen können, die ja bekanntlich auch aus Eiweiß besteht. Deshalb unser Tip, niemals Universalwaschpulver mit den bloßen Händen in Berührung zu bringen. Tauchen Sie die Hände auch nicht in die Waschlauge ein, sonst könnte Ihre Haut auf Dauer darunter leiden und rauh werden. Entweder verwenden Sie spezielle Handwaschmittel, oder Sie rühren sich Ihre Handwaschmittel nach unseren Rezepten selbst zusammen.

Selbstverständlich haben wir diese wirklich als Heinzelmännchen zu bezeichnenden Enzymmoleküle auch in unserem Waschmittelkonzept eingebaut, und wir haben dafür gesorgt, daß sie auf dem modernsten Stand sind. Wir verwenden nicht nur eiweißabbauende, sondern auch stärke- und fettabbauende Enzyme, die zum Teil in Waschmittel eingebaut noch gar nicht auf dem Markt sind (vgl. *Seite 52 f.*).

Die Enzyme haben wir erheblich verdünnt in einer nur 0,5%igen Lösung, und eine kurzfristige Berührung mit ihnen ist auch nicht schädlich. Dennoch möchten wir auf der sicheren Seite bleiben. Sollte es einmal passieren, daß Sie einen Kleckser auf die Haut bekommen, dann waschen Sie ihn mit klarem Wasser ab. Unsere Enzymsubstanzen sind in Tensid gelöst, so daß sie leicht wieder entfernt werden können.

Weitere Fortschritte

Die Geschichte des modernen Waschmittels geht 1973 mit der Entwicklung der *nichtionischen Tenside* weiter. Im Gegensatz zu anionischen und kationischen Tensiden, deren Moleküle als negativ bzw. positiv geladene Teilchen in der Lauge verteilt sind, sind sie elektrisch neutral bzw. nicht aufgeladen, also nicht ionisch. Für bestimmte Anwendungszwecke haben sie einen großen Vorteil, denn sie sind in ihrer Wirkung unabhängig von der Wasserhärte. Nichtionische Tenside binden die Härtebildner des Wassers nicht an sich, d. h., der Kalk kann sich nicht an ihnen anlagern. Die gesamte Waschkraft

steht auch in hartem Wasser voll zur Verfügung. Dies ist einer der Gründe dafür, daß wir uns bei unserem Waschmittel für leicht- und mittelverschmutzte Wäsche dafür entschieden haben. So kommen wir bei Waschtemperaturen unter 40° C gänzlich ohne Enthärtungssubstanz aus. Außerdem sind nichtionische Tenside bei gleicher Waschkraft auch relativ mild auf der Haut (vgl. *Seite 35*).

1975 wurde erstmals ein deutsches Waschmittelgesetz erlassen, aber erst 1980 trat die Phosphathöchstmengenverordnung in Kraft, die den Phosphatgehalt in Waschmitteln begrenzte. Allerdings können danach heute immer noch Waschmittel bis zu 40% mit Phosphaten versetzt sein! In letzter Zeit konnte man in einigen Zeitungsberichten lesen, daß die Phosphate eigentlich gar nicht so problematisch seien, weil manche Kläranlagen Einrichtungen eingebaut hätten, die Phosphate ohne Schwierigkeiten herausnehmen könnten. Wir meinen aber, daß es besser ist, den Übeltäter dort zu bekämpfen, wo er entsteht, d. h. nichts ins Wasser einzuleiten, das nachher kostenträchtig herausgefischt werden muß.

Außerdem gibt es heute eine Substanz, die einen fast vollwertigen Ersatz für Phosphat bietet: eine Silikatart, genau gesagt Natriumaluminiumsilikat, das unter dem Namen *Zeolith A* bekannt geworden ist. Im Grunde wurde es 1976 nur wiederentdeckt, womit sich der Kreis zum Persil der Jahrhundertwende wieder schließt. Sie erinnern sich vielleicht (vgl. *Seite 16*), auch in Persil war bereits ein Silikat enthalten, gebundenes Wasserglas.

Aber nicht jedes phosphatfreie Waschmittel ist automatisch umweltfreund-

lich. In einigen heute handelsüblichen Universalwaschmitteln wird eine besonders wirksam enthärtende Substanz mit Namen EDTA (*Ethylendiamintetraacetat*) eingesetzt. Sie kann nicht unbedingt als harmlos bezeichnet werden. Einerseits können Klärwerke sie nicht herausfiltern, und andererseits kann sie unter Umständen über das Grundwasser in unseren Trinkwasserkreislauf gelangen. Wenn wir Pech haben, trinken wir Spuren davon schon in unserem Morgenkaffee oder Tee. Ob EDTA gesundheitsschädlich ist, konnte bisher nicht bewiesen werden, aber angenehm ist der Gedanke nicht, ungewollt etwas mittrinken zu müssen, das nicht ins Trinkwasser gehört.

Außerdem steht EDTA im Verdacht, Schwermetalle aus dem Boden und Flußsediment herauszulösen und an sich zu binden. Damit eröffnet sich eine weitere Quelle für Schwermetallbelastungen (vgl. *Seite 37 f.*). Allerdings hat uns die Firma Henkel wissen lassen, daß sie in keinem ihrer Produkte heute EDTA mehr einbringt.

Wenn wir auch hier das Hohelied von einem Bestandteil des Urpersils gesungen haben, so ist es beim anderen — dem Perborat — ganz anders. Früher wurden noch nicht solche Massen an Waschmitteln wie heute üblich verbraucht, und so fiel der Nachteil dieses Borats zuerst nicht weiter auf. Dennoch hat so mancher Bauer oder Gärtner unliebsame Überraschungen erleben müssen, wenn er seine Felder bzw. Beete mit Fluß- oder Bachwasser gegossen hat; weil Borat bzw. Borsäure pflanzenschädigend ist. Aber wer konnte damals überhaupt die Ursache herausfinden. Es gab noch keine handhabbaren Analysegeräte. Allein schon deshalb hatte der Umweltschutz kaum Chancen. Da geht es uns dank verbesserter Meßtechnik heute etwas besser, denn manchmal sind die Übeltäter dingfest zu machen. Allerdings nur manchmal.

Technik zum Nutzen der Wäsche

Parallel zur Entwicklung auf dem Waschmittelsektor verlief die der Waschgeräte. Das Waschbrett alter Prägung hat schon lange ausgedient, bestenfalls findet es noch eine akustische Würdigung im Skifflejazz. Gleiches gilt für die Wurzelbürste, die wir als Kinder allein schon deswegen mit Respekt betrachteten, weil wir damit nach besonders schmuddeligen Spielen abgeschrubbt wurden. Auch den Textilien ist diese rigide Behandlung nicht besonders gut bekommen. Sie wurden weniger durch das Tragen verschlissen als durch das Waschen. Dabei waren die Stoffe unserer Vorfahren bei weitem nicht so strapazierfähig wie heute. Die Entwicklung der Waschmaschine beweist, daß die Technik nicht immer Teufelszeug sein muß – wie Generationen von Hausfrauen und -männern sicher gern bestätigen. Die Wäsche muß beim Waschen zwar bewegt werden, aber nicht unbedingt gerubbelt. Läßt man – wie in unserer Sendung – eine Video- oder Fernsehkamera genau synchron zu einer sich drehenden Waschtrommel rotieren, kann man die Bewegung der Wäsche genauestens verfolgen. Man kann deutlich sehen, daß die Textilien sich zwar intensiv verschieben nicht aber gegeneinander gescheuert werden. So muß es auch

sein, und damit das auch gewährleistet ist, darf die Maschine nie über das angegebene Maß vollgepackt werden. Es lohnt sich also, sich an die Angaben des Herstellers zu halten.

Das Waschen mit Waschmaschinen nach heutigem Standard ist jeder anderen Waschmethode vorzuziehen, weil die Textilien optimal geschont werden. Aus diesem Grund haben wir unser Waschsystem auf Mittel abgestimmt, die für Waschmaschinen geeignet sind.

Trotz dieses Lobes gibt es bei den meisten Waschmaschinen einen bösen Konstruktionsfehler, der praktisch von der ersten Trommelmaschine an existiert hat. Bis vor kurzem wurden fast ausschließlich Waschmittel in Pulverform verwendet, von denen aber 20%

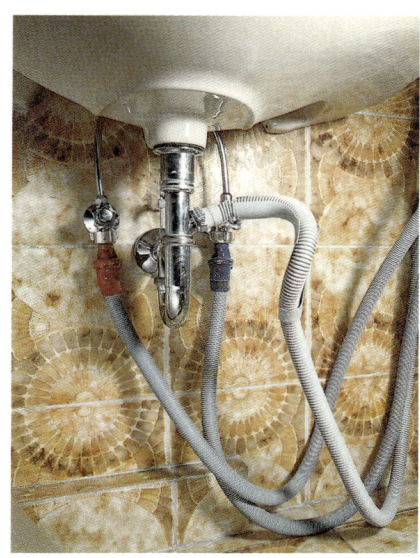

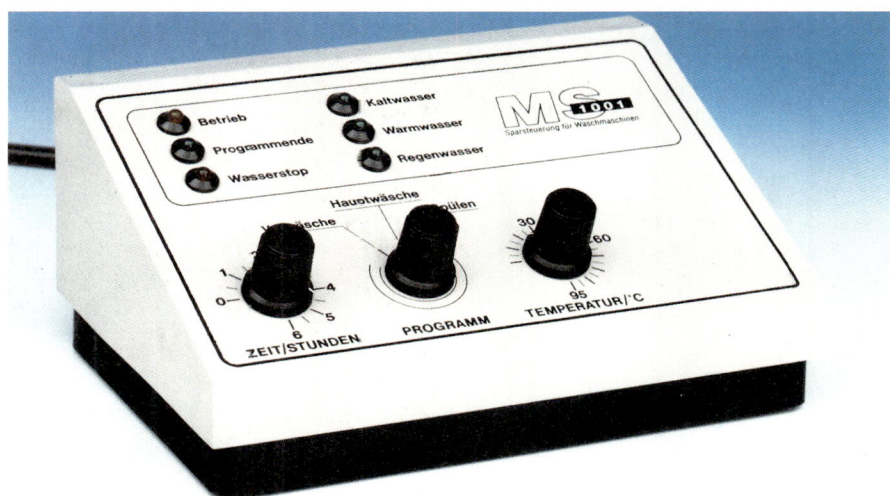

Abb. 16: a) Bei einer Waschmaschine mit separatem Kalt- und Warmwasseranschluß sparen Sie Geld und Energie und schonen die Umwelt.
b) Den gleichen Effekt erzielen Sie mit diesem Vorschaltgerät.

regelmäßig verlorengingen. Was sicherlich kaum ein Verbraucher wußte, mehr als ein Fünftel des Waschpulvers wurde regelrecht verpulvert! Nach dem Einschalten der Waschmaschine wird bei den meisten Modellen zunächst die Waschpulverkammer entleert, indem das einlaufende Wasser das Pulver wegspült. Diese Mischung sinkt dann nach unten in den tiefsten Teil des Waschbehälters, den sogenannten Sumpf, d. h. in den Ablauf mit dem Stutzen zur Abwasserpumpe. In dieser Nische verschwindet ein beträchtlicher Teil der waschaktiven Substanz und wird später ungenutzt mit dem Abwasser abgepumpt. Erst jetzt geht man diesem technologischen Skandal an die Wurzel. Dabei ist die Lösung denkbar simpel und primitiv. In vielen neuen Waschmaschinen wurde eine sogenannte Ökoschleuse eingebaut. Sie besteht aus einer Klappe oder Kugel, die den Abflußstutzen solange verschließt, bis der Waschvorgang abgeschlossen ist. Flüssige Waschmittel verfangen sich nicht so leicht in diesem Sumpf und wenn, dann werden sie durch die Bewegung der Waschlauge und das Lösungsbestreben der Flüssigkeit leichter ausgespült.

Wenn Sie zu unserem Waschmittelbaukastensystem übergehen, können Sie ruhig ihre bisherige Waschmaschine weiter benutzen, ohne ein schlechtes Gewissen gegenüber der Umwelt haben zu müssen. Das gilt übrigens generell für Flüssigwaschmittel.

Sollten Sie allerdings vorhaben, sich eine neue Waschmaschine anzuschaffen, dann empfehlen wir Ihnen eine mit separatem Kalt- und Warmwasseranschluß. Dies lohnt sich immer dann, wenn Ihr Warmwasser von einer Gas-, Öl- oder Fernheizung bzw. Solaranlage erwärmt wird. Eine Kilowattstunde dieser Wärmequellen kostet bestenfalls 6–7 Pfennig, während die Kilowattstunde bei elektrischer Heizung durch die Waschmaschine Ihnen derzeit mit mehr als 25–30 Pfennig in Rechnung gestellt wird, das ist immerhin mehr als 4mal so teuer. Sie sparen aber nicht nur Geld, sondern Sie entlasten mit einer solchen Maschine auch die Umwelt, denn, um eine Kilowattstunde elektrische Energie zu erzeugen, müssen immerhin 3 Kilowattstunden an Primärenergie verfeuert werden, also gehen mehr als 65% der eingesetzten Energie verloren, im Gegensatz zur direkten Brennstoffumsetzung in Öl-, Gas- oder Fernheizungen. Demgegenüber liegen die Verluste in den modernen Brennwertkesseln bei nur noch maximal 4 – 8%. Gleichzeitig bedeutet dies, daß erheblich weniger des Treibhausgases Kohlendioxid entsteht.

Während solche Waschmaschinen in Amerika und Japan gang und gäbe sind, werden sie in Deutschland leider kaum angeboten. Viele Verkäufer meinen, der Warmwasseranschluß wäre überflüssig, weil die Waschmaschine ja eine eigene Heizanlage, d. h. Heizstäbe, besitzt. Dies ist aber ein Trugschluß und kommt uns nicht nur ökologisch teuer zu stehen. Die Heizstäbe sind zwar notwendig, denn, wenn die Temperatur des zugelaufenen Wassers nicht ausreicht, dann muß natürlich nachgeheizt werden, aber der Energiebedarf dafür ist wesentlich geringer, als wenn das gesamte Waschwasser elektrisch erwärmt werden müßte. Mittlerweile gibt es zwei Firmen, die diese Waschmaschinen anbieten: die Firma Blomberg und die Firma Siemens. Eine intelligente Elektronik steuert darin den Warm- und Kaltwasserzulauf optimal.

Auch die Firma Miele produziert eine Waschmaschine mit Warmwasseranschluß, allerdings bietet sie diese nur im Ausland an, aber sie hat uns versichert, daß sie ihre Politik überdenken wird.

Sollten Sie sich in nächster Zeit keine neue Waschmaschine anschaffen wollen, so können Sie mit dem Vorschaltgerät MS 1001 der Firma Martin Elektrotechnik in Bad Brückenau die gleichen Effekte erzielen. Auch hier wird das Kalt- und Warmwasser automatisch auf die gewünschte Waschtemperatur gemischt. Es handelt sich hierbei ebenfalls um eine elektronische Steuerung, die über Magnetventile den Wasserzulauf regelt. Im Vergleich zu den genannten Waschvollautomaten erreichen Sie sogar mit diesem Gerät noch günstigere Verbrauchswerte. Was besonders wichtig ist, diese Steuerung verfügt auch über Einweichprogramme, die die Einweichzeit der Hauptwäsche ohne zusätzlichen Energieaufwand bis zu 12 Stunden verlängert. Dieses Zusatzgerät ist also bestens geeignet auch für die Eiweiß, Stärke und Fett lösenden Enzyme Biozym SE und Biozym F. Während des Einweichprogramms wird der gewählte Waschgang automatisch unterbrochen und die Wäsche bleibt in der Lauge liegen. Sie sparen bis zu 50% an Waschmittel. Das Gerät ist leider nicht billig. Es kostet ca. 500 DM inklusive MwSt. Aber auf die Dauer lohnt sich die Anschaffung durch dreifache Einsparung: Energie, Wasser und Waschmittel.

Was ist Waschen?

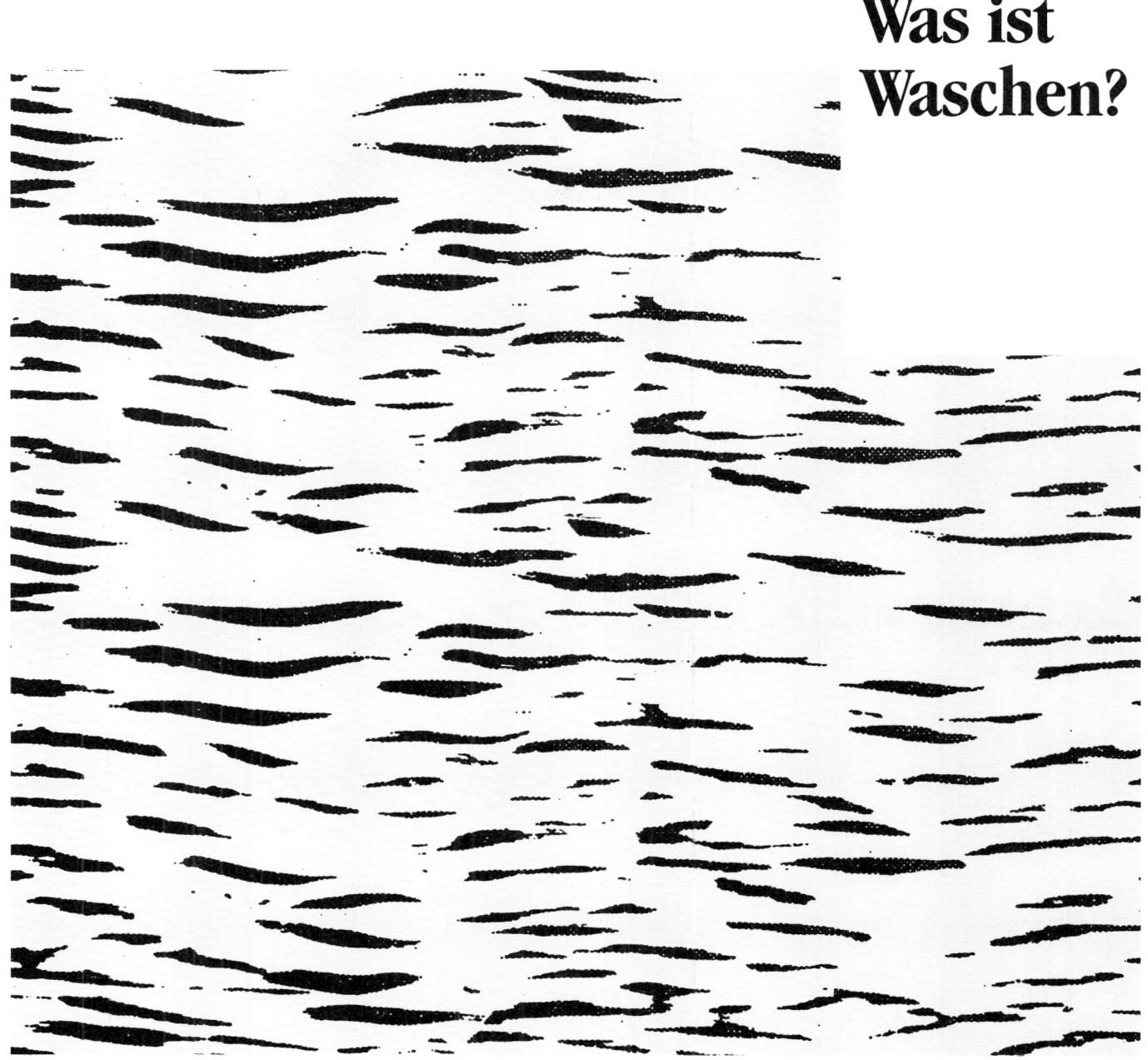

Glaubt man den Prospekten und Werbesendungen der Waschmittel- und Waschmaschinenhersteller, dann ist Waschen heute eine heitere Nebensächlichkeit, ja geradezu eine Entspannung. Aber hier irren (oder täuschen bewußt) die Werbestrategen. Entspannt wird nur das Waschwasser. Auch heute noch kostet Waschen viel Zeit, weil die Wäsche viel häufiger gewaschen wird als anno dazumal. Unterwäsche wird mittlerweile fast täglich gewechselt, ebenso Socken und Hemden, was dann in der Summe einer Woche doch einen erklecklichen Anfall an Wäsche ausmacht. Je nachdem, wo die Waschmaschine steht, muß die schmutzige Wäsche dann auch noch durch das Treppenhaus in die Waschküche getragen werden oder anschließend in die Trockenräume. Waschen ist also immer noch mit Arbeit, vor allen Dingen aber mit Zeitaufwand verbunden. Im Prinzip ist das Waschen zwar viel leichter geworden, aber dafür schafft das Bedürfnis nach Hygiene größere Wäscheberge.

Aber wir wollen nicht jammern, denn alles in allem geht es uns unverhältnismäßig viel besser als früher. Was uns heute manchmal fehlt, ist der Durchblick, und zu dem möchten wir Ihnen ein wenig verhelfen.

Waschfaktoren

Wir deuteten es schon in unserem geschichtlichen Abriß an, daß zum Waschen zunächst einmal Wasser benötigt wird. Darüber hinaus braucht man die mechanische Bewegung als ersten entscheidenden Faktor. Wenn wir allerdings ein schmutziges Wäschestück nur mit Wasser und mechanischer Bewegung säubern wollten, wären wir doch sehr schnell aufgeschmissen. Wahrscheinlich würde selbst ein leicht verschmutztes Wäschestück so strapaziert werden, daß man es anschließend wegwerfen muß. Es wurde schon einmal versucht, den Schmutz mit Ultraschall herauszutreiben, aber damit ist man kläglich gescheitert.

Zweiter Faktor ist die Zeit: Je länger das Wäschestück im Wasser liegt, um so besser wird es benetzt, und wasserlöslicher Schmutz löst sich schon fast von allein. Mechanik und Zeit sind für sich allein immer noch nicht ausreichend. Deshalb nehmen wir als dritten Faktor das Waschpulver, oder allgemeiner ausgedrückt, die Chemie hinzu.

Durch die Werbung regelrecht angeheizt, meinen viele Verbraucher, nach dem Motto vorgehen zu müssen, viel hilft viel. Diesem Spruch ist aber ein Nachsatz anzuhängen, der lautet: Zu viel schadet der Wäsche und besonders der Umwelt. Ein 10-kg-Paket Waschpulver für einen Maschinenwaschgang beispielsweise ergäbe ein katastrophales Waschergebnis. An dieser Übertreibung sehen Sie, daß es irgendwo ein Optimum für die *Waschmittelmenge* gibt, das aber wiederum von den beiden anderen Faktoren, Waschzeit bzw. Einweichzeit und der Intensität der mechanischen Bearbeitung, abhängt. Auch bei diesen Faktoren gibt es Grenzen; zu viel Mechanik kann das Gewebe zerstören, und ein zu langer Aufenthalt im Wasser kann es nach ca. einer Woche mikrobiell angreifen. Trotzdem ist der Zeitfaktor wahrscheinlich noch der preiswerteste, denn beim Waschen gilt nicht, time is money — Zeit ist Geld.

In der Regel sind moderne Waschmaschinen auf viel zu kurze Laufzeiten programmiert. Das kann zwar durch mehr Waschpulver etwas kompensiert werden, aber es kostet Geld und ist umweltschädlich. Neuere Waschmaschinen tragen dem schon Rechnung, indem man die Laufzeiten selbst einstellen kann. Für ältere Modelle gibt es die Möglichkeit, zusätzlich ein elektronisches Schaltgerät anzuschließen, das zwischendurch die Maschine einfach abschaltet, sie ruhen läßt, um sie dann später wieder anlaufen zu lassen. Besonders wenn im Waschmittel Enzyme enthalten sind, ist eine längere Einwirkzeit günstig (siehe auch *Seite 61*).

Ein Vergleich der industriellen Waschmittel ist sehr schwierig, weil sie ganz unterschiedlich zusammengesetzt sind. Leider schreibt das Eichgesetz auf der Waschmittelpackung nur die Angabe der Inhaltsstoffe nach Gewicht vor. Das sagt aber wenig aus, weil im Pulver- oder Flüssigwaschmittel viel oder wenig Stellmittel drin ist und auch die chemische Struktur der Einzelstoffe einen wesentlichen Einfluß auf die Waschkraft hat. Es kommt noch etwas hinzu: Man kann beispielsweise aus einer bestimmten Menge Kokosfett entweder 1 kg Schmierseife gewinnen oder nach modernen Fertigungsverfahren 1,5 kg Tensid herstellen. Mit diesen 1,5 kg des modernen Tensids können Sie unverhältnismäßig mehr Wäsche waschen als mit der Seife. Die optimale Einsatzmenge des Waschmittels hängt also von vielen, nach außen hin nicht sichtbaren Faktoren ab.

Einen wichtigen Knopf an der Waschmaschine haben wir bisher noch außer acht gelassen, den *Temperaturregler.* Chemische Reaktionen laufen in der Regel intensiver und schneller bei höheren Temperaturen ab. Und das gilt auch für die chemischen und physikalischen Vorgänge beim Waschen. Anders gesagt, die Waschlauge wirkt in Eiswasser am schlechtesten und mit steigender Temperatur um so besser. Eine Steigerung der Temperatur um 10 Grad verdoppelt ungefähr die Geschwindigkeit einer chemischen Reaktion. Die Waschzeit, die z. B bei 20°C kaltem Leitungswasser nötig ist, kann durch geringe Temperatursteigerung spürbar verkürzt werden. Umgekehrt muß die Wäsche bei 50°C doppelt so lang gewaschen werden, wie sonst bei 60°C. Dies hängt allerdings auch von der Art der Fasern ab. Schließlich vertragen manche Fasern keine hohen Temperaturen, z. B. Synthetics.

Der Zusammenhang der Einflußgrößen Mechanik, Zeit, Chemie und Temperatur auf der Waschvorgang kann sehr schön in einem Waschkreis beschrieben werden (vgl. *Abbildung 17*). Wenn eine Größe verändert wird, müssen die anderen in einer konzertierten Aktion entsprechend angepaßt werden. Deutlich erkennt man auch die Bedeutung des Wassers. Auch hier gilt es, die kleinstmögliche *Wassermenge* einzusetzen, die noch ein optimales Waschergebnis liefert. Zusätzlich haben wir die *Biologie* eingefügt. Damit soll die Bedeutung der biologischen Enzyme etwas stärker berücksichtigt werden. Die richtige Menge an Enzymen kann sich bedeutend auf Chemie, Mechanik und besonders Kosten günstig auswir-

ken. Gleichzeitig kann die Waschtemperatur herabgesetzt werden, was die Textilien schont und natürlich auch die Kosten für den Energieaufwand mindert (zur Wirkung der Enzyme vgl. *Seite 21* und *43*).

Beim Waschen wird der Schmutz von der Faser gelöst und mit dem Waschwasser weggespült, wie schon auf *Seite 19 f.* dargestellt wurde.

Zur Verstärkung der abstoßenden Wirkung zwischen Faser und Schmutz dienen neben anderen Substanzen Natriumsulfate oder Phosphate. Aus den gleichen Gründen, aus denen sie die Waschkraft der Tenside fördern, wird gleichzeitig die Ablagerung von störenden Härtesalzen auf der Wäsche und den Heizstäben verstärkt. Diese Effekte gibt es nicht bei den sogenannten nichtionischen Tensiden, die sich sozusagen neutral verhalten, das ist einer der Gründe, weshalb wir uns bei einem unserer Grundwaschmittel, dem *Gruwa,* für ein solches nichtionisches Tensid entschieden haben.

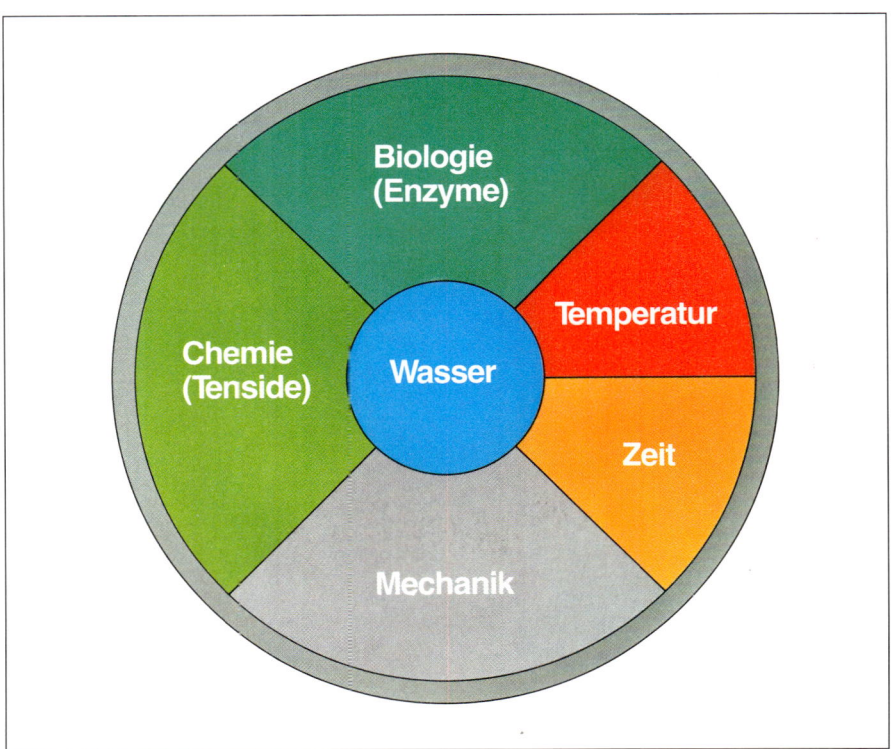

Abb. 17: Der Waschkreis (nach Sinner).

Vergleich von Chemie und Biologie

Tenside umhüllen die Schmutzpartikel und halten sie schwebend in der Lösung, wenn es sich um fettige Substanzen handelt. Ein Fettfleck wird von den Tensiden zu einem Fettkügelchen zusammengedrängt (vgl. *Seite 20*). Damit die ganze Oberfläche mit Tensidmolekülen gesättigt wird, braucht man für bestimmte Mengen Schmutz eine Mindestmenge von Tensiden. Zuwenig Waschmittel ist also schlecht, aber zu viel ebenso. Tenside entfernen aber auch Staubpartikel.

Enzyme verhalten sich grundlegend anders: Erstens verändern sie den Schmutz chemisch, d. h., sie wandeln das Fett in seine Grundbestandteile, u. a. die Fettsäuren, um. Diese können in der Waschlauge verseifen und als eine solche Seife sogar den Waschprozeß unterstützen. Zweitens können Enzyme extrem niedrig dosiert werden, weil ihr Wirkungsgrad theoretisch unbegrenzt ist. Um beispielsweise 10 g Fett zu emulgieren, d. h. vom Gewebe zu entfernen, braucht man etwa 1 g pures Tensid. In der Regel ist im Waschmittel etwa 30% waschaktive Substanz enthalten, also man braucht mindestens 3 g des Waschmittels, um 10 g Fett zu lösen. Wenn mehr Fett auf der Wäsche ist, verbleibt ein Teil im Gewebe. Da hilft auch kein Verlängern der Waschdauer. Trotzdem wäre es unsinnig, von vornherein immer die doppelte bis dreifache Menge von Tensiden zu nehmen, aber das haben wir ja schon ausführlich geschildert.

Enzyme reagieren ganz anders als Tenside, da ein einziges Enzymmolekül bis zu fünf Millionen mal in der Minute Eiweißmoleküle spalten, Fette abbauen oder Stärke in Zucker umwandeln kann, ohne sich dabei im Prinzip zu verbrauchen. Die Abbauprodukte sind meist sehr gut wasserlöslich, weshalb man mit extrem wenig Einsatz von Chemie auskommt. Außerdem bereiten Enzyme überhaupt keine Umweltprobleme, im Gegenteil, sie beginnen bereits mit der Zersetzung der Schmutzstoffe im Abwasser auf dem Weg zur Kläranlage. Deshalb spielen Enzyme in unserem Waschmittelkonzept eine große Rolle.

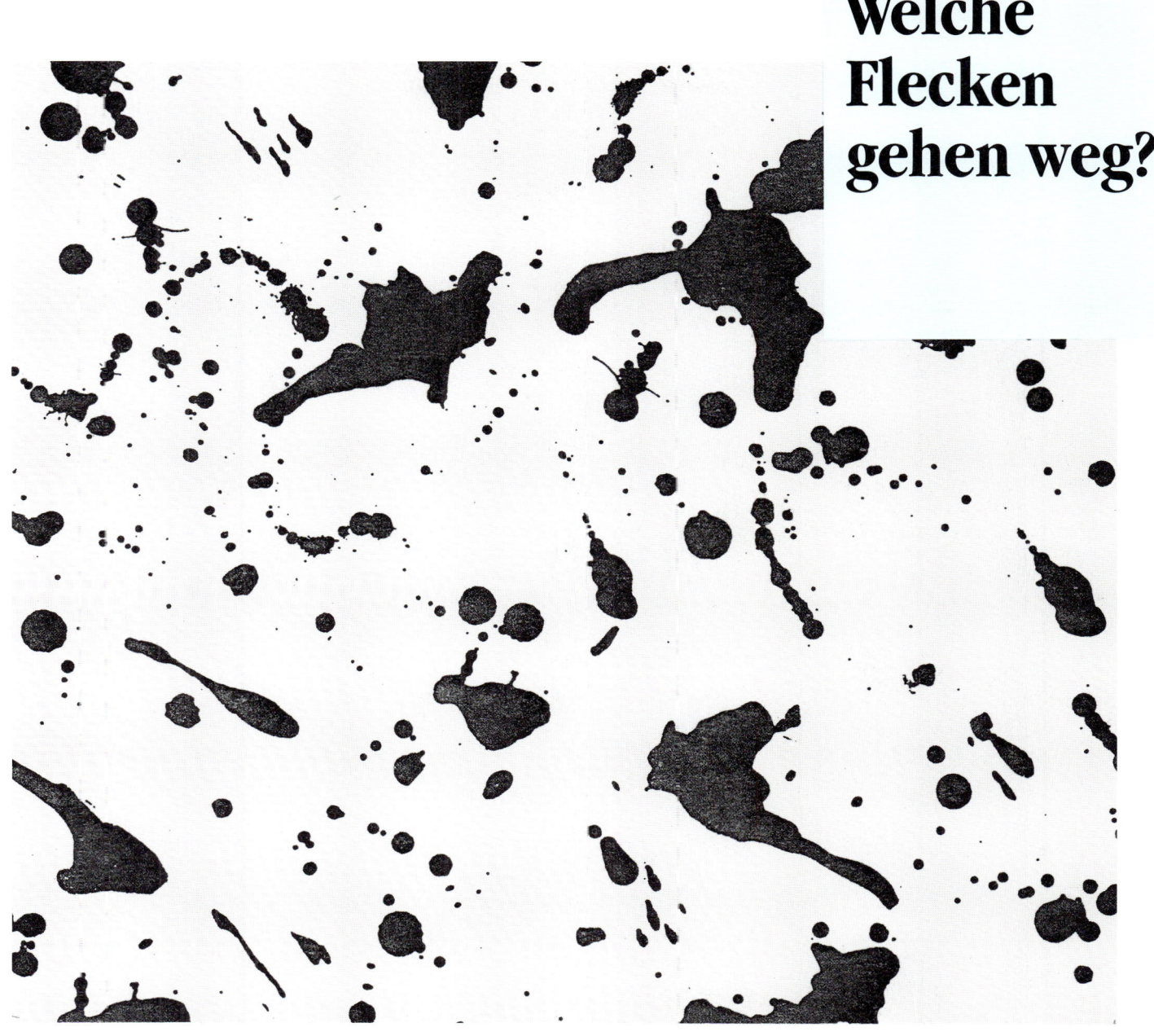

Welche Flecken gehen weg?

29

Kaum zu knacken hartnäckige Flecken

Nicht jeder Fleck kann durch Waschen beseitigt werden. Kein Waschmittel entfernt beispielsweise ausgehärteten Mörtel oder Betonreste aus dem Gewebe. Ebensowenig gehen Zweikomponentenkleber, getrocknete Dispersionsfarbe oder Silikonreste weg. Schwarze Motorschmiere bleibt im Angorapullover leider auch fast immer drin. Farben und Lacke haften ausgezeichnet auf allen Geweben. Hier stehen auch modernste Waschmittel vor schier unlösbaren Problemen. Das liegt zum Teil in der Natur der Sache, denn ein Kleber z. B. soll ja möglichst gut haften. Würden die Waschmittel beispielsweise diese Kleber entfernen, dann würden sie auch synthetische Fasern in der Kleidung auflösen. Ähnliches gilt für dokumentenechte Kugelschreiber. Wenn die Farbe so einfach zu entfernen wäre, dann wäre sie eben nicht dokumentenecht. Trotzdem klappt es manchmal doch, aber wenn nicht, kreiden Sie es nicht der Unfähigkeit des Waschmittels an.

Ein paar Tricks

Flecken sind manchmal auch deshalb so hartnäckig, weil sie von Anfang an falsch behandelt wurden. Wer beispielsweise einem Blut- oder Eifleck mit heißem Wasser zu Leibe rückt, bringt das Eiweiß zum Gerinnen. Es verhakt sich in der Faser und wirkt dann ähnlich wie ein wasserunlöslicher Kunststoff. Da empfiehlt es sich eher, den Fleck mit kalter Seifenlösung auszuwaschen oder noch viel besser mit unserem *Biozym SE vorzubehandeln* (vgl. *Seite 51*). Rotwein, Obst, Gras und andere organische Flecken sollten sofort mit Wasser benetzt werden. Wenn Sie kein Biozym SE zur Hand haben, verwenden Sie am besten verdünnten Essig, weil die meisten Flecken dieser Art in neutralem oder alkalischem Wasser erst recht dunkel werden, während die Säure sie aufhellt. Tee ist dafür ein eindrucksvolles Beispiel: Er ist normalerweise braun, wenn Sie ihn aber mit Zitronensaft ansäuern, wird er hellgelb.

Flecken gehen um so leichter weg, je früher und gezielter sie behandelt werden. Sie sollten vor allem dafür sorgen, daß sie bis zum Waschen nicht eintrocknen. Eine gute Vorbehandlungsmethode ist das Bestreichen der Flecken mit unserem *Biozym SE* oder *F* (vgl. *Seite 59*).

Der klassische Spruch der alten Römer, semper aliquit haeret — etwas bleibt immer haften — ist dank moderner Waschrohstoffe jedenfalls inzwischen weitgehend überholt.

Ein bißchen Textilkunde

Sauberkeit am seidenen Faden

Natürliche Textilfasern, wie z. B. *Baumwolle* und *Leinen,* bestehen aus Zellulose, da sie pflanzlichen Ursprungs sind. *Wolle* und *Seide* sind wie unsere menschlichen Haare aus Eiweiß aufgebaut. Synthetische Fasern, die aus natürlichen Bausteinen zusammengesetzt sind, sind beispielsweise *Viskose* und *Acetat.* Zellulosefasern sind sehr gut temperaturbeständig, d. h., sie lassen sich problemlos kochen, auch wenn sie manchmal etwas einlaufen. Man kann sie mit alkalischen Waschmitteln behandeln, bleichen und auch gut aufhellen. Sie sind zudem billig, weshalb sie ja auch so weit verbreitet sind. Wolle und Seide sind schon deutlich empfindlicher. Starke Laugen lösen sie in der Hitze einfach in ihre Bestandteile, die Aminosäuren, auf. Man kann sie zwar auch kochen, doch Vorsicht: Dann dürfen sie auf keinen Fall bewegt werden, sonst laufen sie schrecklich ein und verfilzen. Das Verfilzen mit heißem Dampf wird bei der Hut-Herstellung andererseits wieder genutzt. Wolle und Seide lassen sich zwar bleichen, leiden aber deutlich unter der Behandlung. Denken Sie nur an das Blondieren der Haare.

Deshalb dürfen die Eiweißfasern Wolle und Seide auch nur in lauwarmem Wasser und mit möglichst neutralen Waschmitteln gewaschen werden. Unser Waschmittel, das *Bawa*, erfüllt diese Forderung, denn darin sind 2 nichtionische Tenside enthalten. Sie reagieren also weder sauer noch basisch, sondern neutral. *Bawa* bzw. *Stawa-Super*, ist genauso für andere Textilien, wie die zellulosehaltigen Baumwolle- und Leinenfasern sowie Synthetik zum Waschen geeignet.

Generell brauchen Wollsachen nicht so häufig gewaschen zu werden. Das für Wollstoffe häufig benutzte „Luftbad" funktioniert wirklich erstaunlich gut: Wollsachen werden einfach über Nacht im Freien trocken aufgehängt.

Glücklicherweise ist das Keratin, aus dem Haare, Wolle, Seide und Fingernägel bestehen, eine besonders widerstandsfähige Eiweißsubstanz, die auch beim Waschen mit *Biozym SE* in der Waschmaschine nicht angegriffen wird. Anders ist es, wenn Sie einen Fleck direkt mit dem Enzym behandeln wollen; da raten wir bei extrem empfindlichen Woll- und Seidenstoffen von einer zu langen Einwirkzeit ab. Streichen Sie es auf, kurz bevor die Wäsche in die Waschmaschine kommt. Im Gegensatz dazu sollten Sie die Enzymbehandlung mindestens 12 bis 24 Stunden vor dem eigentlichen Waschen ansetzen (vgl. *Seite 63 f.*).

Wollfäden sind bestenfalls einige Zentimeter lang, das ist auch logisch, denn die Schafshaare sind einfach nicht länger. Im Gegensatz dazu erreichen Seidenfäden bis zu 3000 Metern, die Seidenraupe verpuppt sich ja in ihrem Kokon mit einem durchgehenden Faden. Solche langen Fäden haben für den Hersteller und für den Verarbeiter natürlich viele Vorteile. Deshalb kann Seide ja auch zu solch feinen Stoffen verarbeitet werden.

Moderne Fasern — Synthetics

Erst in jüngster Zeit gelingt es, synthetische Fasern mit ähnlichen sympathischen Eigenschaften herzustellen. Wir haben uns im Alltag an viele Chemienamen gewöhnt, die für Synthetik stehen, wie Polyacrylnitril, Polyester, Nylon, Perlon, Polyamid usw. Diese Fasern haben ausgezeichnete mechanische Eigenschaften und sind besonders fest und elastisch; außerdem besitzen sie meist einen sehr schönen Glanz. Manche sind kaum von natürlichem Gewebe zu unterscheiden, auch was ihre physikalischen Eigenschaften anbelangt, wie die Fähigkeit, Feuchtigkeit aufzunehmen, atmungsaktiv zu sein usw. Die Kreativität der Chemiker ist fast unbegrenzt, so daß immer mehr Stoffe hinzukommen.

Aber auch die robusten synthetischen Stoffe haben ihre Grenzen, sie sind temperaturempfindlich. Temperaturen über 50°C verringern ihre Lebensdauer erheblich, auch vergilben sie leicht durch Licht und Sauerstoff. Obendrein lassen sie sich weder bleichen noch aufhellen. Bei Gardinen arbeitet man mit einem Trick: Die Fasern bekommen einen relativ dicken Film verpaßt, der den Aufheller enthält. Sonst haften Aufheller eigentlich nur richtig auf Naturfasern. Gegen das Vergrauen von Synthetics haben wir eine Substanz namens *Prosyn* (vgl. *Seite 56*).

Moderne Waschmittel

Abb. 18: Das Angebot des Handels an flüssigen und pulverförmigen Universal-Waschmitteln ist schier unübersehbar.

Was ist heute in Universalwaschmitteln enthalten?

Beklagenswert, wie spärlich die „Waschzettel" über die Inhaltsstoffe informieren. Nicht zuletzt deshalb gibt es so viele, teils auch unberechtigte Vorwürfe gegen herkömmliche Waschmittel.

Würden Sie ein Auto kaufen, von dem im Prospekt lediglich steht, daß es ein Lenkrad, vier Räder, einen Benzinmotor und eine lackierte Karosserie hat? Auf dieser Stufe bewegen sich die Herstellerangaben. Werden wir für dumm verkauft? Gerechterweise muß gesagt werden, daß zumindest in den Universalwaschmitteln so viele unterschiedliche Substanzen enthalten sind, daß es den Herstellern nicht leicht fallen wird, diese alle ausführlich zu deklarieren, d. h. Auskunft über die Inhaltsstoffe und ihre Anteile zu geben. Die Hobbythek versucht deshalb, Sie ein wenig hinter die Kulissen zu führen.

Was ist WAS?

In Waschmitteln sind die wichtigsten Inhaltsstoffe die „waschaktiven Substanzen". Das sind die Mittel, die die Oberflächenspannung des Wassers so erniedrigen, daß das Wasser den Schmutz unterwandern, umhüllen und abschleppen kann (vgl. *Seite 19 f.*). Da das Wort „waschaktive Substanz" so lang ist, hat sich die Abkürzung WAS eingebürgert. Auf Waschmittelpackungen finden Sie sie manchmal in der Form von Prozentangaben. Da in den meisten Waschmitteln recht geringe

Mengen WAS enthalten sind, wird diese Angabe fast einhellig von den Waschmittelherstellern auf den Packungen nicht genannt.

Nun ist es mit den WAS so ähnlich wie mit den PS bzw. Kilowatt beim Auto: Viel muß nicht gut sein. Es kommt also wieder einmal auf die Art und die Mischung der WAS an. Die mengenmäßig wichtigste Klasse sind die anionischen Tenside.

Welche Tenside gibt es?

Es gibt insgesamt vier verschiedene Tensidarten, und zwar anionische, kationische, nichtionische und amphotere Tenside (vgl. *Abb. 19*). Chemisch gesehen besteht ihr Hauptunterschied darin, daß sie geladen sind oder nicht.

Anionische Tenside umhüllen den Schmutz und ragen mit ihrem negativen Ende in die Waschlauge (vgl. *Seite 18 ff.*). In ähnlicher Weise umhüllen sie auch die Textilfasern. Die negativ geladenen Schmutzteilchen prallen von der negativ geladenen Textiloberfläche ab, wodurch sich der Schmutz nicht wieder auf der Faser absetzen kann. Auch die Schmutzteilchen stoßen sich gegenseitig voneinander ab.

Dazu noch ein anschauliches Bild: Wenn Sie Ihre Haare frischgewaschen haben oder wenn Sie sich kämmen, sind die Haare elektrisch aufgeladen und stoßen sich gegenseitig ab. Es stehen Ihnen förmlich die Haare zu Berge. Diese Wirkung können Sie unterbinden, indem Sie Ihre Haare mit einem kationischen Tensid spülen. Kationische Tenside haben keine besondere Waschwirkung und bleiben nach dem

Spülen auf dem Haar bzw. der Wäschefaser. Sie sind auch in Weichspülern für die Wäsche enthalten.

Nichtionische Tenside weisen überhaupt keine Ladung auf und sind aus diesem Grund wäscheschonend und nicht wasserhärteempfindlich.

Amphotere Tenside sind geladene Teilchen mit einer ausgeglichenen Anzahl negativer und positiver Ladungen. Sie zeichnen sich durch besondere Hautfreundlichkeit aus. Auch mit ihnen kann man die Aufladung der Haare unterbinden.

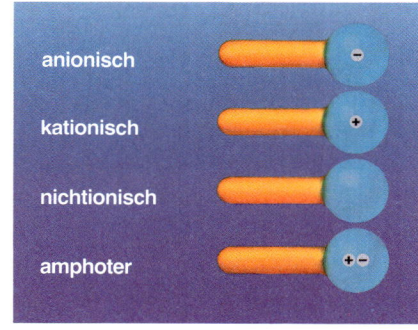

Abb. 19: Die vier verschiedenen Tensidarten.

Anionische Tenside (Aniontenside)

In den meisten Fällen sind *Aniontenside* LAS oder ausgeschrieben: Lineares Alkylbenzolsulfonat. Es zählt zu den schwerer abbaubaren Waschtensiden, die eine sehr große Waschkraft aufweisen. Genauso gut, aber besser abbaubar, sind die Talgfettalkoholsulfate, die aber teuer sind. Daher werden sie sehr viel seltener eingesetzt.

LAS ist merklich härteempfindlich, weshalb zum Waschen weiches (enthärtetes) Wasser nötig ist bzw. Enthärter zugegeben werden muß. Es ist der am häufigsten verwendete Waschwirkstoff. In kaltem Wasser löst es sich nicht so gut. Seine Stärke ist das Waschen von extremen Mengen Schmutz bei hohen Temperaturen.

Besonders in Flüssigwaschmitteln wird neuerdings SAS — Sekundäres Alkansulfonat — verwendet.

Während LAS sehr gut in trockener, pulvriger Form herstellbar ist, gelingt das bei SAS nicht so leicht. Dafür löst es sich viel leichter in kaltem Wasser. Die Leichtlöslichkeit bedeutet einen großen Vorteil, weil das Waschen bei tieferen Temperaturen mit großer Energieersparnis verbunden ist.

Darüber hinaus ist SAS nur noch in geringem Umfang von der Wasserhärte abhängig. Beim Waschen mit SAS braucht man deshalb nicht unbedingt einen Enthärter. Die Waschkraft ist bei SAS eine Spur geringer als bei LAS, aber der Unterschied kann meist nur im Waschlabor ermittelt werden. Für die Wäsche zu Hause macht das keinen Unterschied.

Wie gesagt, für SAS braucht es keinen Enthärter — ganz im Gegensatz zu den herkömmlichen Seifen.

Schmier- oder Kernseife zählt auch zu den Aniontensiden, allerdings wird sie in modernen Waschmitteln als Enthärter, insbesondere aber als Schaumbremser verwendet, sofern LAS oder SAS zugegen sind.

Kationische Tenside

In modernen Waschmitteln sind häufig kationische Tenside enthalten. Sie werden zwar nicht immer in Universalwaschmitteln eingesetzt, aber als Weichspüler sind sie oft im Gebrauch. Kationische Tenside werden auch als *Quats* abgekürzt, was von quartäre Ammoniumverbindungen abgeleitet ist. Kationische Tensidmoleküle laden sich in einer wäßrigen Lösung positiv auf, und ziehen deshalb sehr gut auf Wäschefasern auf.

Einerseits bringt das den Vorteil, daß die Textilien weich werden und sich gut bügeln lassen, andererseits bringt diese beachtliche Menge, die auf den Stoffen zurückbleibt, manchmal auch Unverträglichkeitsreaktionen auf der Haut mit sich, wenn die Kleidungsstücke getragen werden.

Weichspüler verhindern zwar die Trokkenstarre der Wäsche, aber vermindern oft auch das Wasseraufnahmevermögen der Stoffe. Frottee-Handtücher trocknen dann unsere Haut nicht mehr so einfach. Heute gibt es Quats, die in dieser Wirkung schon verbessert sind. Weil sie aber teurer sind als die gängigen, werden sie wesentlich weniger eingesetzt. Auch in der Kosmetik, insbesondere in Shampoos, werden Quats eingesetzt, die wesentlich hautfreundlicher sind. In der Hobbythek können wir uns diesen Luxus leisten (vgl. Wollwaschmittel, *Seite 69*).

Nichtionische Tenside (Niotenside)

Nichtionische Tenside sind eigentlich Emulgatoren, die beispielsweise Öl mit Wasser verbinden können. Sie finden daher Einsatz in Hautcremes. Sie sind relativ teuer, aber mittlerweile hat die chemische Industrie Varianten entwickelt, die durchaus im Preis mit anionischen Tensiden konkurrieren können.

Für unsere Zwecke sind nichtionische Tenside sehr vorteilhaft: Sie sind hautfreundlich, entfetten trotzdem sehr gut, schäumen wenig und sind vor allen Dingen völlig härteunabhängig. Hier hat die Industrie sozusagen eine nach Maß gestrickte Chemie entwickelt.

Zwar gibt es unter den nichtionischen Tensiden auch große Unterschiede, insbesondere was die Umweltverträglichkeit anbelangt. Manche sind sogar relativ giftig und schwer abbaubar, andere aber fast ungiftig und sehr gut in der Kläranlage abzubauen. Unser *Bawa* besteht aus einem solchen nichtionischen Tensid, genauer aus einem Kokosfettalkohol mit einem wasserlöslichen Zuckerrest. Beide Komponenten entstehen also aus einem nachwachsenden Rohstoff. Wir haben es sehr sorgfältig ausgesucht und meinen, einen guten Kompromiß gefunden zu haben.

Enthärter

Ein wesentlicher Bestandteil des Universalwaschmittels ist der Enthärter. Man braucht ihn deshalb, weil die meistverwendeten Tenside, die LAS, härteempfindlich sind. Außerdem wird als „Verdünnungsmittel" Sulfat eingesetzt, das die Härtewirkung des Wassers zusätzlich verstärkt. Die meisten Waschmittel müssen auch bei Temperaturen von mindestens 60 bis 90° C brauchbar sein, aber da ist die Härtebildung am stärksten. Das alles sind Gründe, die im Waschmittel selbst stecken.

Nach dem Zweiten Weltkrieg entwickelte sich das Phosphat zum Enthärter Nr. 1. Phosphat ist nicht giftig, ja sogar lebensnotwendig für pflanzliche Organismen. Auch ist es ein hervorragender Dünger, und gerade das war das große Problem. Bei zu viel Phosphat im Abwasser entstand die bekannte Überdüngung der Seen und Flüsse. Pflanzliche Organismen, insbesondere die Algen, vermehrten sich übermäßig, verbrauchten den Sauerstoff im Wasser. So kippte das Gewässer mit der Zeit um, und manchmal stank die Brühe dann zum Himmel.

Also mußte das Phosphat ersetzt werden, der Nachfolger heißt nun Zeolith, was soviel wie *Kochstein* heißt. Dieses Pulver ist ein glasähnlicher Stoff, der im Waschwasser eigentlich nicht löslich ist. Deshalb enthärtet er nur relativ langsam. Die ersten phosphatfreien Waschmittel hatten deshalb extreme Schwierigkeiten, die Wäsche vor dem Verkalken zu bewahren. Sie schafften es in der Tat nicht. Frottee-Handtücher wogen durch den gebundenen Kalk

bald doppelt soviel. Deshalb wurde die Enthärterwirkung durch Stoffe wie NTA (Nitrilotriacetat) oder EDTA (Ethylendiamintetraacetat) unterstützt. Beide Stoffe sind Salze von organischen Säuren, die Calcium- und Magnesiumsalze lösen können. Sie wirken sofort, sobald sie im Wasser aufgelöst wurden.

Das war zwar für die Wäsche gut, aber für die Umwelt negativ, denn diese Stoffe sind in der Kläranlage schwer herausfilterbar. In Flüssen und Seen holen diese Komplexbilder giftige Schwermetalle aus dem Bodengrund, was für die Lebewesen im Wasser fatale Folgen haben kann. NTA wurde in der Schweiz in größerem Umfang als Enthärter eingesetzt, bei uns wird es in Waschmitteln dagegen nur sehr selten verwendet.

Zeolith ist seit 10 Jahren im Einsatz. Zeolith wurde erst dann ein gleichwertiger Ersatzstoff für Phosphat, als verschiedene, schnell wirkende Co-Enthärter zugesetzt wurden. Heute wird vielfach für diesen Zweck Zitronensäure verwendet.

Kritiker beargwöhnen zwar das im Zeolith enthaltene Aluminium. Bis heute sind allerdings keine handfesten Belege für irgendeine Umweltbelastung bekanntgeworden. Im Zweifel für den Angeklagten.

Stellmittel

Neben Angaben wie Tensiden und Enthärtern finden Sie auf den Waschmittelpackungen auch die Bezeichnung *Stellmittel*. Das Wort stammt sicherlich noch aus den Zeiten, wo in Hallen auf dem Boden ein billiges Salz, das Glau-

bersalz, lag, auf das mit Schaufeln die Waschsubstanzen geschüttet wurden. Stellmittel ist die feiner klingende Umschreibung für Füllmittel. Es verstärkt zwar die Waschkraft der LAS ein wenig, trägt aber auch wesentlich zur Bildung von Kalksalzen bei, was wiederum noch mehr Enthärter zum Ausgleich erforderlich macht.

Silikate

Als Silikat wird meist Wasserglas eingesetzt, das gern als Korrosionsschutz für die Waschmaschinen gelobt wird. Das galt einmal für Zeiten, als noch ab und zu in den Waschmaschinen Teile aus Aluminium waren. Bei den heutigen Maschinen aus Kunststoff und Edelstahl ist das überhaupt nicht mehr notwendig. Die Silikate machen die Waschlauge aber alkalisch, was die Waschleistung der anionischen Tenside grundsätzlich verstärkt. Auch zum Bleichen ist ein alkalischer pH-Wert notwendig.

Bleichmittel

Seit vielen Jahren verwendet man das sogenannte Perborat (vgl. *Seite 16*). Bei Temperaturen *über* 60° C wirkt es durchaus gut. Aber die Gesamtmengen sind so hoch, daß schon das Flußwasser für manche Baumart schädlich wurde. Bor wird in Kläranlagen nicht entfernt und geht also direkt ins Flußwasser (vgl. auch *Seite 22*). Um bei tieferen Temperaturen bleichen zu können, sind TAED und EDTA nötig. EDTA (Ethylendiamintetraacetat) fängt Eisen-,

Nickel- und ähnliche Salze aus dem Waschpulver, damit das Perborat länger hält. Diese Metallsalze bewirken einen schnellen Zerfall des Bleichborats. Damit andererseits das Perborat beim Waschen wirksam wird, kommt TAED (*Te*-tra*acetylety*len*end*iamin) dazu. Es bildet mit Perborat Peressigsäure, die sehr wirksam ist. Sie ist ungefähr doppelt so wirksam wie Perborat, aber leider für die häusliche Anwendung zu aggressiv.

Unser Bleichsystem setzt Wasserstoffperoxid frei, das an Soda gebunden ist, ohne daß dazu ein Stabilisator oder Aktivator notwendig ist. Das ist in der Anwendung sicher und absolut umweltverträglich. Trotzdem sollten Sie es nicht unbesorgt und für Kinder zugänglich herumstehen lassen. Einatmen sollten Sie es auch nicht unbedingt. Aber das passiert normalerweise beim Einfüller in die Waschmaschine sowieso nicht.

Abb. 20: oben: Hilfsmittel in Universal-Waschmitteln. *Unten:* Dies sind weitere Zusatzstoffe, die in üblichen Waschmitteln enthalten sind, und zwar unabhängig davon, ob sie gebraucht werden oder nicht.

Optische Aufheller halten tatsächlich, was sie versprechen. Die damit behandelte Wäsche — soweit sie aus Baumwolle besteht — erscheint tatsächlich für unser Auge heller als ohne diese Behandlung. Die Wirkung ist allerdings an UV-Licht gebunden, im Kunstlicht ist sie weg. Nur im Sonnenlicht oder im „Schwarzlicht" mancher Diskothek können wir den optischen Effekt sehen. Wenn man zu viel Aufheller verwendet, kann die aufhellende Wirkung durch den Aufheller selbst gelöscht werden; die Wäsche kann dann sogar einen leicht grünlichen Schimmer bekommen. Es ist also wichtig, nur die wirklich notwendige Menge einzusetzen.

Angriffe gegen optische Aufheller sind letztlich gegenstandslos geblieben. Trotzdem werden sie heute als „Chemie" abgelehnt. Wir meinen jedoch, daß es besser ist, diese Mittel ganz ge-

Optische Aufheller

Sie wandeln die unsichtbaren ultravioletten Anteile des Tageslichts in weißblaues Licht um. Dadurch erscheint die Wäsche weißer. Sie kennen ja die Werbung „Weißer geht's nicht".

Aufheller sind schwer abbaubar und nur bei Baumwolle und Mischgewebe wirksam. Bei bedenkenloser und grenzenloser Anwendung können sie problematisch für die Umwelt werden. Bei unserem System nehmen sie durch gezielten Einsatz höchstens einen Bruchteil der Menge ein, die sonst mit Universalwaschmitteln nach dem Gießkannenprinzip auf die Wäsche und ins Abwasser kommt.

zielt und nur in der gerade nötigen Menge zu benutzen. Die Entscheidung liegt beim Hobbythek-Baukastensystem bei Ihnen. Wenn Sie strahlend weiße Kittel, Oberhemden oder Tischwäsche beispielsweise aus beruflichen Gründen brauchen, dann nehmen Sie nur für diesen Sonderbereich Aufheller. T-Shirts, Unterwäsche und Synthetics werden ohnedies ohne Aufheller gewaschen.

Enzyme

In den bisherigen Waschmitteln sind meist nur die eiweißabbauenden Enzyme enthalten. Enzyme sind nur in Pulverform, wenn sie zum Beispiel eingeatmet werden, gefährlich. Auch in kommerziellen Waschmitteln wird dafür gesorgt, daß die gefährliche Staubbildung nicht mehr auftritt.
Durch den Einsatz von Enzymen läßt sich die Menge an „Chemie" im Waschmittel drastisch senken. Die meisten Gegner von Enzymen sind vielleicht darüber noch nicht vollständig informiert.

Parfüm

Beim Waschen über 60°C entsteht immer ein nicht sehr sympathischer Schwadengeruch, der mit Parfüm überdeckt wird. Bei niedrigen Temperaturen können Sie aber darauf gut verzichten, wenn Sie wollen. Es gibt deshalb inzwischen auch unparfümierte Waschmittel im Handel. Das Hobbythek-Waschsystem läßt Ihnen die individuelle Wahl – kein Duft oder ein angenehmer Duft Ihrer persönlichen Wahl ist möglich.
Damit Sie sich einmal einen Überblick verschaffen können, welche Mengen an Waschmittel-Inhaltsstoffen pro Jahr verbraucht werden, zeigen wir Ihnen diese Tabelle. Diese riesigen Mengen gelangen ins Abwasser und müssen in Kläranlagen beseitigt werden. Wo dies nicht gelingt, gelangen sie in die Flüsse und Seen.
Die Zahlen stammen aus dem Jahr 1987.

Waschmittel massenweise

Stoff	Menge	Gruppe
LAS-Tenside	87 000 t	
SAS-Tenside	16 000 t	
Fettalkoholsulfate	10 000 t	
Ethersulfate	20 000 t	Anionische Tenside
andere	3 000 t	
Seife	110 000 t	
Fettalkoholethoxilate	50 000 t	Nichtionische Tenside
andere	12 000 t	
Quats	17 000 t	Kationische Tenside
Natriumtriphosphate	ca. 80 000 t	
Zeolith A	ca. 100 000 t	Enthärter
Silikate	ca. 60 000 t	
Soda	ca. 40 000 t	
Natriumsulfat	ca. 110 000 t	Füllmittel
Natriumperborat	ca. 100 000 t	Bleichmittel
Polycarboxylate	ca. 15 000 t	Vergrauungsschutz
CMC	ca. 10 000 t	
TAED	ca. 5 000 t	
Enzyme	ca. 2 000 t	
EDTA	ca. 400 t	
Phosphonate	ca. 800 t	
Optische Aufheller	ca. 1 000 t	
NTA	ca. 100 t	

Registrierung von Waschmittelrezepturen

Als Verbraucher hat man keine Chance, den Gehalt der einzelnen Inhaltsstoffe in herkömmlichen Waschmitteln festzustellen. So geben die Waschmittelpackungen beispielsweise keine Auskunft über den Gehalt an waschaktiver Substanz (WAS). Das ist etwa so ähnlich, als ob Ihnen der Autohändler die PS oder Kilowatt des Automotors verschweigen würde. Natürlich sagen die reinen Zahlenwerte nur dann etwas aus, wenn man sie zu interpretieren versteht.

Auf allen Waschmittelpaketen finden Sie heute eine sogenannte UBA-Nummer, eine vom Umweltbundesamt (UBA) festgelegte Zahl. Auf manchen Packungen sind Hinweise abgedruckt, wie „registriert beim Umweltbundesamt" oder „zugelassen vom Umweltbundesamt". Diese Angaben täuschen den Verbraucher über den wahren Sinn und Zweck dieser UBA-Nummern. Die UBA-Nummern sagen nichts über die Umweltverträglichkeit der Waschmittelrezeptur aus. Das Umweltbundesamt hat uns gebeten, Ihnen dies ausdrücklich mitzuteilen.

Das Amt sammelt die Rezepturen aller Wasch- und Reinigungsmittel. Die Angaben sind vertraulich. Das Umweltbundesamt kann damit feststellen, welche Stoffe in welchen Mengen ins Abwasser gelangen. Wären die Rezepturen ordentlich auf den Packungen verzeichnet, bräuchte man diese Geheimniskrämerei gar nicht. Die Firmen wissen sowieso, was bei der Konkurrenz im Waschmittel steckt. Die Rezepturen werden in keiner Weise „geprüft" oder „zugelassen", nur einfach registriert.

Die Daten stehen auch den Vergiftungszentralen zur Verfügung. Damit kann im Falle einer Vergiftung durch ein Wasch- oder Reinigungsmittel bei diesen Zentralen schnell und gezielt telefonische Beratung eingeholt werden.

Theoretisch müßte auf fast allen käuflichen Waschmitteln (auch auf Kern- und Schmierseife) der Hinweis „reizend" angebracht werden (vgl. *Abbildung 21*). Aus unerklärlichen Gründen halten sich die wenigsten Waschmittelhersteller daran.

Wir haben überlegt, ob wir den entsprechenden Hinweis auf unseren Produkten anbringen sollten. Wir haben uns dagegen entschieden, weil wir sonst gegenüber den herkömmlichen Waschmitteln einen Wettbewerbsnachteil hätten; denn leider liest nicht jeder, der unser Waschmittelkonzept anwendet, auch dieses Buch.

Abb. 21: Gefahrensymbol für Stoffe, die reizend wirken können.

Das Wasch-
mittelkonzept
der
Hobbythek

Allgemeine Überlegungen

Gestatten Sie mir, daß ich Sie einmal in die Gedankenwelt eines Journalisten führe, der es sich zum Ziel gemacht hat, Ihnen als Verbraucher etwas mehr Chancen gegen die übermächtige Konsumgüterindustrie und ihre Werbemethoden zu vermitteln.

Leider ist der Begriff des mündigen Verbrauchers etwas abgegriffen, aber Sie dazu zu machen, ist mein Ziel. Dabei habe ich mich oft über meine eigene Ohnmacht gegenüber vielen Fertigprodukten geärgert. Man kauft praktisch die Katze im Sack und weiß nicht, was in den Packungen wirklich enthalten ist. Für Lebensmittel gibt es jetzt schon eine, leider etwas eingeschränkte, gesetzliche Deklarationspflicht. Bei Kosmetika, Waschmitteln und vieler anderen Produkten tappt man aber meist noch im dunkeln.

Das Bestreben der Hobbythek ist es, etwas Licht in dieses Dunkel zu bringen. Wir bemühen uns, eventuelle Risiken bestimmter Substanzen und Produktionsmethoden aufzuzeigen und gleichzeitig Alternativen und Auswege zu empfehlen. Natürlich sind wir nicht allwissend, aber wir recherchieren sehr sorgfältig. Hinter den Ergebnissen stehen wir mit unserer ganzen Person. Ich selbst verwende z. B. schon seit Jahren keine Fertigkosmetik mehr, und das Selbstrühren macht so wenig Arbeit, daß selbst ich mit meiner knapp bemessenen Zeit ohne Schwierigkeiten zurechtkomme. Es dauert nicht länger als der Gang zum Laden um die Ecke.

Wir halten es für falsch, die Industrie generell zu verteufeln. Aber Kontrolle ist notwendig, und es ist gut, daß es mittlerweile Wissenschaftler, Politiker und Journalisten gibt, die sich an dieser Kontrolle intensiv beteiligen. Manche Firmen haben offenbar die Vorteile dieser Kritik erkannt. Bei unseren Recherchen fanden wir jedenfalls auch bei Insidern großes Verständnis, und manchmal wurde uns selbstloser Rat zuteil. Selbst heikle Fragen ließen sich die Industrievertreter von uns stellen, und im allgemeinen scheint sich ein Wandel anzubahnen. Vor drei bis fünf Jahren stand ich bei meinen Recherchen häufig vor verschlossenen Türen. Heute ist das nicht mehr der Fall. Immer wieder hörte ich, daß sich offenbar die Interessenslage der Mitarbeiter dieser Firmen in Richtung Umweltschutz bewegt, was auch verständlich ist, denn jeder, der im Interesse des Werkes arbeitet, ist auch Bürger. Nicht zuletzt deshalb haben wir wertvolle Informationen erhalten, die uns ermöglicht haben, ein modernes Waschmittelsystem zu präsentieren, das in seiner Waschkraft den industriell vorgemixten Waschmitteln in nichts nachsteht.

Mittlerweile hat unser Waschmittelkonzept auch bei Kritikern großen Anklang gefunden. Allerdings gibt es Ideologen, die es nicht verkraften können, daß wir ihre ach so geliebte, angeblich natürliche, Kern- und Schmierseife nicht in den Himmel hoben. Es muß sie so getroffen haben, daß sie mit allen Mitteln versuchten, uns zu diffamieren. Fairneß ist denen unbekannt.

Als besonders schlimmer „pseudoökologischer Amokläufer" hat sich ein österreichischer Journalist und selbsternannter Fachmann mit Namen Hanswerner Mackwitz präsentiert. Irgendwie müssen wir ihn an seiner empfindlichsten Stelle, wohl an seinem Geldbeutel, getroffen haben. Seine Haßtiraden sind unübertroffen. Dabei veranstaltet er diese Hetzereien vornehmlich, um die Produkte seiner österreichischen Geschäftspartner anzupreisen und ins Licht zu rücken. Sie besitzen sogar die Unverfrorenheit zu behaupten, sie hätten die Idee des Waschmittelbaukastens erfunden. Solch eine schamlose Werbung für Waschmittel aus der Steinzeit käme selbst der Industrie nicht in den Sinn, aber er macht sich darin so unglaubhaft, daß seine Abhandlungen eher ins Nähkästchen der Satire gehören als in ein Buch, das sich ernsthaft gibt.

Zurück zur Kern- und Schmierseife?

Sicher haben Sie sich gefragt, warum wir nicht auf die von vielen Bio- und Ökoläden gepriesene Kern- und Schmierseife zurückgegriffen haben. Ehrlich gesagt, bin auch ich zunächst den Rezepten unserer Ahnen auf den Leim gegangen und habe auf eine naturnahe Alternative gehofft. Ich habe mich aber eines Besseren belehren lassen müssen. Zwei Jahre hat es gedauert, bis wir zum Ziel gekommen sind. Profitiert habe ich von der Mitwirkung von Dr. Dieter Wundram, der auch Koautor dieses Buches ist.

Schlagende Argumente

Hier sind weitere wichtige Argumente, die unsere Ablehnung der Kern- und Schmierseife belegen.
Erstens sind Kern- und Schmierseife sehr empfindlich gegen hartes Wasser, d. h. durchschnittlich ein Drittel der Seifenmasse geht für die Enthärtung drauf, und das unabhängig von der Waschtemperatur. *Zweitens* braucht man zur Herstellung dieser Seifen bei gleicher Waschkraft etwa dreimal mehr Rohstoffe als für moderne Tenside. *Drittens* waschen Kern- und Schmierseife erst richtig gut bei Temperaturen über 85° C. Und Wasser zu erwärmen, ist sehr energieaufwendig. Dazu ein kleines Beispiel: Mit der elektrischen Energie, die nötig ist, um 20 Liter kaltes Wasser, also ungefähr den Inhalt einer Waschmaschine, auf 85° C zu erhitzen, könnte man dreißig Menschen in einem Aufzug 300 Meter hoch befördert. Das entspricht etwa der Höhe des Eiffelturms bis zur obersten Spitze.

Viertens sind Kern- und Schmierseifen genausowenig natürlich wie synthetische Tenside. Chemie ist bei beiden im Spiel. Kernseife wird in offenen Kesseln unter Zugabe vor aggressiver Natronlauge gekocht, während die synthetischen Tenside in geschlossenen Behältern durch Einwirken von Schwefelsäure auf pflanzliche und tierische Fette erzeugt werden. *Fünftens* gibt es Waschsubstanzen, die, obwohl oder vielleicht gerade weil sie industriell hergestellt worden sind, der Umwelt wesentlich besser bekommen, denn sie

Abb. 22: In hartem Leitungswasser flockt ein guter Teil der Seife durch die Bildung von Kalkseifen aus. In destilliertem oder weichen Wasser ist dies nicht der Fall.

wurden gezielt auf schnelle Abbaubarkeit hin konzipiert. Natürlich muß man solche Tenside finden, aber wir denken, wir haben das mit Erfolg getan.

Viele Naturschützer meinen, daß die Seife die bessere Alternative zu den modernen Tensiden sei. Zunächst sei festgehalten, daß man mit Seife unbestreitbar waschen kann, und die Ergebnisse sind auch ganz gut, vorausgesetzt, man wäscht in destilliertem Wasser oder in Regenwasser, aber wer macht das schon. Es ist die Wasserhärte, die der Seife schwer zu schaffen macht. Deshalb muß man beim Waschen mit Seife stets eine ordentliche Menge Enthärter nehmen oder aber viel mehr Seife verwenden (vgl. *Seite 22*). Aber auch das hat mehrere Haken, zunächst einmal ist es einfach teurer. Das Abwasser wird zwar direkt nicht übermäßig belastet, denn die Seife bindet sich an die härtebildenden Stoffe, also den Kalk, und läßt sich so in der Kläranlage relativ leicht durch Absetzen ausfällen. Aber zumindest trägt dies zum Wachsen der Klärschlammmengen bei, die ja auch irgendwo bleiben müssen.
Die gute Eliminierbarkeit von Seife aus dem Abwasser gegenüber anderen Tensiden wie beispielsweise LAS oder SAS wird gerne hervorgehoben. Es ist zwar richtig, daß unlösliche Kalkseifen ausfallen, aber der Abbau dieser Seifen geht dann wieder ausgesprochen langsam vor sich. Wären im Abwasser nur Seifen enthalten, dann würden die Abwasserrohre von diesen unlöslichen Seifenresten schnell verstopft werden. Wahrscheinlich wäre deshalb die Umweltbelastung insgesamt höher, wenn alle Verbraucher auf Seifen umstellen würden. Mit einer Mischung aus Tensiden und Seifen sieht das allerdings ein klein wenig anders aus. In unserer Hobbythek-Sendung haben wir dies in

einem Versuch belegen können. Als wir flüssige Schmierseife in hartes Wasser gegossen haben, trübte es sich ein. Die Seife band sich an den Kalk. Sobald wir dann aber moderne Tenside hinzugaben, klärte sich die Trübung auf. Das liegt daran, daß die Kalkseifen vom Tensid wieder aufgelöst wurden. Der Fachmann spricht von dispergieren, d. h., selbst wenn sich Kalkseifen in den Abflußrohren absetzen würden, könnten sie durch tensidhaltige Abwasser wieder ausgeschwemmt werden. Gleichzeitig sorgt dieser Effekt auch für einen schnelleren biologischen Abbau, also eine Zersetzung dieser Kalkseifen.

Nun könnte man sagen, alles wunderbar, wenn's nicht auch eine andere Seite der Medaille gäbe. Dieser „Kalkseifendispergiereffekt" sorgt weiter dafür, daß Seifen im Abwasser eine Fisch- und Wasserflohgiftigkeit entfalten, die derjenigen der modernen Tenside durchaus vergleichbar ist. So gibt es im Umweltschutz leider nur selten ein Patentrezept.

Universalwaschmittel? Nicht bei uns

Es stimmt schon, daß moderne Waschmittel heute besser sind als ihr Ruf, aber vielleicht hat sich die Industrie in ihrem eigenen Netz verfangen. Unser erster Beitrag zum Umweltschutz besteht darin, daß wir Abstand von den Universalwaschmitteln nehmen. Diese enthalten, da sie ja alles können sollen, so viel chemische Stoffe, daß man das durchaus mit dem berühmten Ka-

nonenschuß nach Spatzen vergleichen kann. Diese Unsitte mit den Universalmitteln kennt man ja auch in anderen Anwendungsfällen: Universalreiniger mit Mammutkraft, Universalkleber, Universalinsektenvertilgungsmittel, Universalspritzmittel, Unkrautvernichtungsmittel usw. Alles dies ist aber mit einer erheblichen, unnötigen Umweltbelastung verbunden. Es stellt sich auch die Frage, warum bunte Socken mit einem Waschmittel gewaschen werden müssen, das Bleichmittel enthält. Die eigentliche Leistungsfähigkeit der Waschmittel wird auf diese Weise überhaupt nicht richtig ausgeschöpft, weil ein beachtlicher Anteil überflüssiger Substanzen sinn- und nutzlos eingesetzt wird und ins Abwasser gelangt. Gesteigert wird die Umweltbelastung dadurch, daß auch der Verbraucher vom Gefühl her dazu neigt, nach dem Motto zu verfahren: Viel hilft viel. Es ist ja so einfach bei diesen Universalmitteln, und es wird entsprechend auch angepriesen, Denken ist überflüssig. Interessanterweise haben wir mit unserer Konzeption zumindest bei den Forschern in der Industrie durchaus Zustimmung erhalten.

Schon bei unserer Kosmetik zum Selbermachen haben wir gute Erfahrungen gesammelt, wo wir ja regelrecht eine Volksbewegung ausgelöst haben. Auch damals hat man uns zunächst für Spinner gehalten, und so hat uns der Erfolg überrascht. Denn eine Creme herzustellen, ist ja nicht ganz einfach. Das ist bei unserem Waschmittelkonzept anders.

Garantiert hygienisch

Auch müssen Sie mit unserem Waschmittelsystem keine Abstriche an Reinlichkeit und Hygiene Ihrer Wäsche machen. Apropos Hygiene: Viele Menschen meinen, ihre Wäsche kochen zu müssen, weil sie Angst vor Krankheitserregern haben. Sie gehen davon aus, daß die meisten Keime ab 70° C getötet werden, was bis auf wenige Ausnahmen auch stimmt. Aber mit normaler 60° C-Wäsche kann die Mehrzahl der Bakterien auch schon beseitigt werden.

Die Wäsche einer Familie braucht in der Regel gar nicht desinfiziert zu werden, weil die Familienmitglieder sowieso miteinander engen Kontakt haben. Dadurch besteht ein lebhafter Keimaustausch, an dem alle Personen durch eine gemeinsame Keimflora angepaßt sind. Sie können also getrost und ohne Risiko Taschentücher, Handtücher, Bettwäsche, aber auch Unterwäsche nur bei 60° C waschen, selbst dann, wenn einer in der Familie Schnupfen oder Grippe hat. Die Viren, die diese Krankheiten verursachen, sind sehr empfindlich und überstehen kaum den geballten Angriff der Tenside und Enzyme. Stark desinfizierend wirkt außerdem unser *Proweiß*, das bei weißer und farbechter Wäsche eingesetzt wird. Wir können also mit gutem Gewissen Abstand von der Kochwäsche nehmen. Es kommt hinzu, daß das anschließende Ausspülen in der Waschmaschine ein übriges zur Keimbeseitigung beiträgt.

Anders ist das in Großwäschereien, in denen mit kontinuierlich arbeitenden

Waschmaschinen gewaschen wird. Da große Mengen Wäsche von unterschiedlichen Menschen durchgeschleust werden, müssen ganz andere Hygienemaßnahmen ergriffen werden, wie zum Beispiel die Anwendung von chemischen Desinfektionsmitteln.

Falls Sie meinen, Ihre Wäsche käme aus der chemischen Reinigung keimfrei oder zumindest keimarm zurück, dann haben Sie sich geirrt.

„Die übliche gewerbliche Chemiereinigung mit Perchlorethylen (kurz *Per* genannt) und mit Reinigungsverstärkern führt nicht zu einer Desinfektion, sondern vielmehr zu der Verteilung der Keime auf das gesamte Reinigungsgut, das zudem von verschiedenen Personen stammt." Dieses Zitat stammt aus einer wissenschaftlichen Abhandlung zum Thema Hygiene von L. Grün, Institut für Hygiene der Universität Düsseldorf. Zu diesem Thema liegen auch noch andere wissenschaftliche Arbeiten vor.

Der Waschmittel-Baukasten der Hobbythek

Einzelsubstanzen — individuell zusammensetzbar

Wir haben einen ähnlichen Ansatz gewählt wie damals für die Kosmetik zum Selbermachen: Jede Einzelkomponente des Waschmittels läßt sich — den jeweiligen Erfordernissen entspre-chend — genau dosieren. Das bedeutet eine Abkehr von der herkömmlichen Waschmitteln, die eine unübersehbare, nicht beeinflußbare Mischung von Substanzen enthalten. Trotzdem brauchen Sie nicht mehr Zeit als beim Einsatz von üblichen Waschmitteln.

Leicht zu merken

Wir haben bewußt die Bezeichnungen der einzelnen Zutaten so ausgewählt, daß man sie leicht behalten kann und bereits am Namen erkennt, welche Aufgaben sie erfüllen. Gleichzeitig haben wir die einzelnen Substanzen mit bestimmten Farben versehen, um Verwechslungen möglichst zu verhindern.

Sie müssen jetzt nur noch feststellen, welchen Stoff Sie waschen wollen, z. B. ob die Textilien aus Naturfasern, Synthetik oder Mischgewebe hergestellt sind. Zu den Naturfasern gehören Baumwolle und Leinen sowie Wolle, Seide, Viskose und Acetatfasern. Bei Synthetik und Mischgewebe gibt es so viele Bezeichnungen, daß wir es uns hier ersparen wollen, sie im einzelnen aufzuzählen. Jedoch haben ordentlich deklarierte Textilien meist ein kleines Etikett und einen Hinweis auf die Zusammensetzung der Fasern, so daß es Ihnen leichtfallen wird, sich diese Information zu beschaffen. Dann müssen Sie noch zwischen Bunt- und Weißwäsche unterscheiden und ob die Wäsche stark verschmutzt ist oder mittel und leicht. Mit diesen Voraussetzungen gewappnet, können Sie sich vom Vollwaschmittel verabschieden.

Abb. 23: Die Etiketten in Textilien geben Auskunft über die Fasern: Hier handelt es sich um bunte Wäsche aus Naturfasern.

Grundbausteine

Unser System ist denkbar einfach, aber als Gedächtnisstütze liegt dem Buch zusätzlich eine herausnehmbare Waschübersicht bei, die Sie in der Nähe der Waschmaschine aufhängen können.

In Verbindung mit der wenig aufwendigen Vorbehandlung von stärkeren Flecken mit Enzymen (*Biozym SE* und *Biozym F*) können Sie ca. 70% Ihrer normalerweise anfallenden Wäsche in Zukunft bei 30 bis 40° C waschen.

Die bisher übliche Einteilung der Wäsche nach Temperaturbereichen sollten Sie am besten vergessen. Entscheidend ist nur noch der Verschmutzungsgrad und natürlich die auf dem Etikett vermerkte Waschhöchsttemperatur, die von der Textilart abhängt. In der Regel können Sie weit unter dieser Temperaturangabe bleiben. Sie brauchen in Zukunft nicht mehr höher als 60° C zu waschen. Dies schont nicht nur Ihre Wäsche, sondern spart auch viel Energie und natürlich Geld, das die teure Energie kosten würde. Gegenüber der Kochwäsche sparen Sie bei der 30°-Wäsche 1,5 bis 2 kWh, also etwa 45 bis 60 Pfennige. Das entspricht dem Waschmittelpreis für eine Vollwäsche.

Die Preisgünstigkeit gilt für alle unsere Waschsubstanzen. Wenn die Konkurrenz der Anbieter für die Waschkomponenten gut klappt (siehe Bezugsquellen im Anhang), dann kommt Sie alles zusammen nicht teurer als normales Waschpulver; es ist sogar etwas preiswerter als die üblichen Flüssigvollwaschmittel. Das ist bei einem alternativen Konzept doch auch eine kleine Leistung. Der Preis dürfte jedenfalls für die Verbreitung unserer Idee kein Hemmnis sein.

Mittlerweile gibt es über 150 Auslieferungsläden über ganz Deutschland verteilt, wo Sie auch beraten werden. Außerdem haben wir den Firmen empfohlen, für Nachfüllmöglichkeiten zu sorgen, damit Sie Ihre eigenen Flaschen, Kanister und Behälter mitbringen können, denn bei Waschmitteln gibt es im Gegensatz zu den Kosmetikprodukten zum Selbermachen kaum Hygieneprobleme.

Für Enzyme werden allerdings kindersichere Verschlüsse benötigt, um mögliches Verschlucken zu vermeiden.

Achten Sie außerdem darauf, daß die Firmen, bei denen Sie die Produkte kaufen, Ihnen Etiketten für Ihre selbst mitgebrachten Behälter geben. Sie müssen zu Hause die eingefüllten Substanzen ja wiedererkennen können.

Wie schon erwähnt, spielt auch die Wäschevorbehandlung mit Enzymen eine wichtige Rolle. Neben dem Einsatz von *Biozym SE*, dem stärke- und eiweißabbauenden Enzym, in der Waschmaschine kann man es auch unmittelbar vor dem Waschen auf einen stärkeren Fleck auftragen (siehe Abschnitt „Einweichen mit Biozym", vgl. *Seite 63*). Für diese Behandlung empfiehlt es sich, die Substanz in eine spezielle Spenderflasche mit einem Schwämmchen am Ausguß zu füllen. Diese Spezialfläschchen für 80 bis 100 ml Inhalt erhalten Sie dort, wo Sie auch die anderen Waschsubstanzen kaufen können (siehe Bezugsquellen). Mit *Biozym SE* können Sie Flecken beseitigen, die z. B. von Soßen, Blut, Schweiß, Hautschuppen, Eigelb, Pudding, Milch usw. herrühren. Am besten tragen Sie es direkt nach der Verschmutzung auf den Stoff auf, außer auf Wolle und Seide, die ja aus Keratin bestehen, das zu stark angegriffen werden könnte. Bei anderen Textilien ist das kein Problem, im Gegenteil, die Stoffe werden durch diese Vorbehandlung sehr geschont, weil sie nicht so heiß gewaschen werden müssen. Lassen Sie das *Biozym SE* einfach auf dem Fleck drauf, und geben Sie das Wäschestück in den Wäschekorb für die schmutzige Wäsche. Mit der nächsten Wäsche wird es dann problemlos herausgespült.

Biozym F ist fettlösend und stellt eine absolute Neuheit dar. Es ist noch in keinem herkömmlichen Waschmittel enthalten. Es ist besonders praktisch für fetthaltige Flecken, die z. B. von Öl oder festen Fetten wie Butter, Margarine usw. herrühren oder von Hautfett, das beispielsweise den Hemdkragen so speckig macht. Tragen Sie es einfach auf den schmutzigen Streifen am Hemdkragen auf und lassen Sie es dann wie oben schon beschrieben mindestens einen halben Tag einwirken, bevor Sie das Hemd mit der übrigen leicht- und mittelverschmutzten Wäsche in die Waschmaschine geben. Leider verträgt sich *Biozym F* nicht mit *Biozym SE*, so daß wir darauf verzichtet haben, es in unser Grundwaschmittel für die Waschmaschine gleich hineinzutun.

Zum Waschmittelbaukasten gehört auch eine Substanz, die wir *Softin* genannt haben, die kein Weichspüler ist, auch wenn sie so klingt (siehe *Seite 55*). *Softin* sorgt dafür, daß sich der Schmutz, der von Tensid und Enzym aus den Fasern gelöst wurde, nicht wieder auf dem Stoff absetzt. Es stößt die Partikel quasi ab und verhindert auch, daß sich Kalkpartikel im Wäschegewebe verfangen. Die Substanzen *Bawa*, *Biozym SE* und *Biozym F* bilden sozusagen den Grundfonds unseres Baukastens.

Zusätzliche Einzelbausteine

Hinzu kommen nun noch Substanzen wie *Prosyn*, wenn Sie Synthetik oder Mischgewebe waschen wollen, und *Probunt*, sofern die Wäsche nicht weiß, sondern farbig ist. Für besondere Fälle und Wünsche haben wir eine Art Aufheller für weiße Wäsche, mit Namen *Prohell*. *Kalweg* ist ein besonders umweltfreundlicher Entkalker, der vor allen Dingen bei Waschgängen über 50 bis 60° C Laugentemperatur notwendig wird. Fluidseife, die eine flüssige Schmierseife ist, wird gelegentlich als Schaumbremser *(Schaum-Ex)* gebraucht. Für besonders hartnäckige Obst- oder Farbstoffflecken brauchen wir zu guter Letzt noch ein Bleichmittel, das wir *Proweiß* genannt haben.

Zur Vereinfachung können Sie *Bawa*, *Probunt*, *Prosyn* und *Prohell* schon vormischen. Nur das Biozym darf erst kurz vor dem Waschgang zugesetzt werden, weil es sonst an Wirksamkeit verlieren könnte.

Wer hat sich nicht schon einmal geärgert, daß Baumwolle mit der Zeit unschön, grau und fade wird. Für diese Fälle haben wir ein weiteres Enzym in unserer Trickkiste, das ebenfalls eine Novität ist. Wir haben es *Cot' nueva* genannt, und es besteht aus einem zelluloseabbauenden Enzym. Die Behandlung erfolgt in der Waschmaschine. Die Wirkung beruht darauf, daß nicht der eigentliche Faden der Baumwolle angegriffen wird, sondern nur die feinen

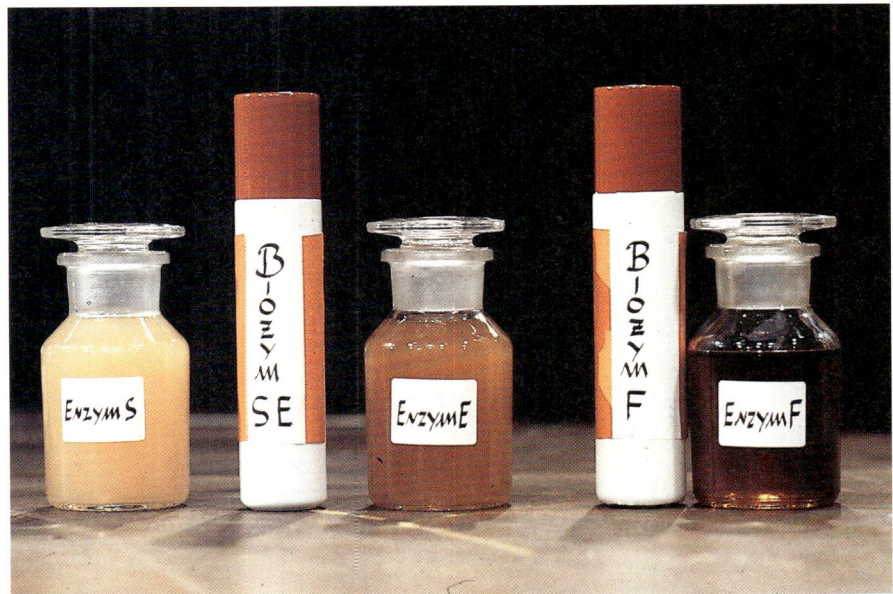

Abb. 24: Die fleckenlösenden Enzyme können Sie auch in praktische Spenderflaschen mit einem Schwämmchen füllen. Damit vorbehandelte Flecken gehen garantiert weg.

überstehenden Mikrohärchen, die die Baumwolle schäbig und grau aussehen lassen. Danach ist der Faden wieder glatt, und der Stoff sieht wieder wie neu aus.

Wie Sie sehen, haben wir für fast alle Fälle ein Mittel zur Hand, die alle Einzelbausteine des großen Waschmittelbaukastens der Hobbythek sind.

Empfehlung für empfindliche Textilien

Natürlich haben wir auch an den Fall gedacht, daß gelegentlich mal ein Pullover oder eine empfindliche Bluse von Hand gewaschen werden muß. Prinzipiell können Sie das sehr gut mit unserem *Bawa*. Für besonders empfindliche Wolle empfehlen wir allerdings eher die Substanzen, die wir auch für das Haarshampoo bei der Kosmetik eingesetzt haben. Das sind amphotere Tenside wie *Betain* und *Glycintensid*, die Sie sicherlich von Haarwaschmitteln zum Selbermachen kennen, und ein kationisches Tensid namens *Haarquat*.

Inhaltsstoffe des Hobbythek-Baukastens

Bevor wir die einzelnen Substanzen unseres Waschsystems vorstellen, wollen wir Ihnen eine Übersicht über die Namen, ihre Farbkennzeichnungen und die dazugehörigen UBA-Nummern (vgl. *Seite 39*) geben. Die Farbkennzeichnung finden Sie auf der beiliegenden Waschmittelübersicht und auf den Etiketten der gekauften Fläschchen wieder.

Gruwa und Stawa

Als wir vor vier Jahren zum ersten Mal den Waschmittelbaukasten der Hobbythek präsentierten, waren wir noch genötigt, einige Kompromisse bezüglich der Grundwaschsubstanzen, der Tenside, einzugehen. Wir hielten uns sozusagen an das Prinzip des kleineren Übels. Zunächst mußten wir zwei Wäschekategorien einführen, zu denen jeweils ein spezielles Waschmittel gehörte. Dies komplizierte zwar unseren Baukasten, aber zumindest konnten wir eine ökologisch günstige Wirkung damit erzielen.

Das *Gruwa* war das Tensid für leicht- und mittelverschmutzte Wäsche, es war für Waschtemperaturen von 30–40°C geeignet. Als sogenanntes Kokosfettalkoholethoxilat (FAEO) wurde

Mittel	Farbe	UBA-Nummer
Biozym SE	leuchtorange	UBA 1239.0002
Biozym F	leuchtorange	UBA 1239.0003
Prosyn	gelb	UBA 1239.0004
Softin	himmelblau	UBA 1239.0005
Probunt	regenbogenfarbig	UBA 1239.0006
Stawa-Super Konz.	grün-blau gestreift	UBA 1239.0015
Bawa Konz.	hellviolett	UBA 1239.0016
Prohell	silberweiß	UBA 1239.0008
Proweiß	weiß	UBA 1239.0009
Kalweg	violett	UBA 1239.0010
Cot' nueva	leuchtgrün	UBA 1239.0011
Schaum-Ex	rosa	UBA 1239.0012
Fluid-Seife	braun	UBA 1239.0013

es aus dem nachwachsenden Rohstoff Kokosfett und einem Grundbaustein des Erdgases, dem Ethen bzw. dem Ethenoxid, hergestellt. Es gehörte bis dahin zu den am besten abbaubaren Tensiden auf dem Chemiemarkt. Als nichtionisches Tensid war es völlig wasserhärteunabhängig, wir konnten also auf jegliche wasserenthärtenden Substanzen verzichten. Es kann zwar sehr gut Fett entfernen, aber bei festem Dreck wie Ruß, Staub und dergleichen ist es nicht das Nonplusultra der Waschrohstoffe.

Deshalb mußten wir ein zweites Tensid für die starkverschmutzte Wäsche einführen, das *Stawa*. Chemisch handelte es sich hierbei um ein sogenanntes SAS, ein sekundäres Alkansulfonat. Es besitzt als anionisches Tensid eine gute Waschkraft, auch bei höheren Temperaturen vor 40–95°C, allerdings mußten wir auch hier einen Kompromiß eingehen, und zwar insofern, als es nicht aus nachwachsenden Rohstoffen, sondern aus Erdöl gewonnen wurde. Trotzdem ist auch der Abbau von *Stawa* sehr gut, deshalb konnten wir es mit gutem Gewissen empfehlen.

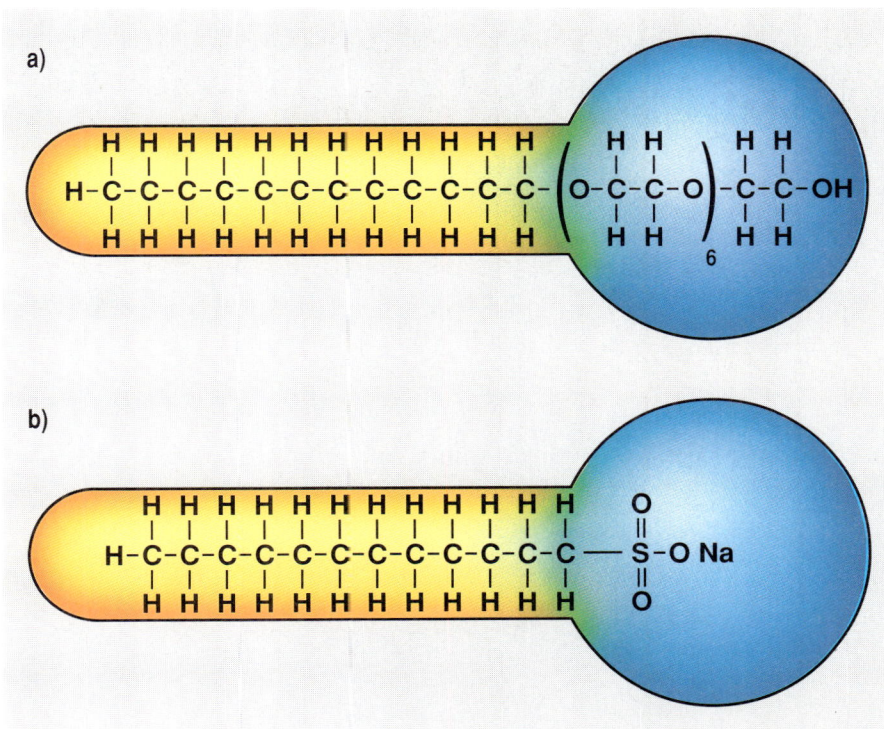

Abb. 26: a) Die chemische Struktur von unserem Gruwa.
b) Das Stawa-Molekül SAS*.

Stawa-Super

Moderne Technologie hat es nun endlich möglich gemacht, daß wir in Zukunft auf die angesprochenen Kompromisse verzichten können. Wir haben das Traumtensid gefunden, möglicherweise ein Tensid, das kaum mehr zu verbessern ist. Eigentlich wollten wir es Ihnen schon am Anfang unserer Bemühungen präsentieren, aber die Indu-

strie war damals noch nicht soweit, uns ausreichende Mengen zur Verfügung stellen zu können. Das, was wir mit dem anionischen *Stawa* und dem nichtionischen *Gruwa* schafften, erreichen wir nun mit einer einzigen Mischung, die wir deshalb *Stawa-Super,* d. h. Starkwaschmittel in Superqualität, genannt haben. Damit können Sie alles waschen, was Sie bisher mit *Gruwa* und *Stawa* getrennt oder kombiniert gereinigt haben.

Unser *Stawa-Super* wird ausschließlich aus nachwachsenden Rohstoffen gewonnen, aber nicht nur das. Im *Stawa-Super* setzen wir als erste vor den großen Waschmittelkonzernen eine Waschsubstanz ein, von der die Umweltschützer lange geträumt haben: Es handelt sich um ein Tensid, das seine fettliebende Komponente aus Fettsäuren bezieht, die pflanzlichen Ölen (Kokos- und Palmöl) entstammen. Die wasserliebende Komponente besteht aus Glucose, dem Molekül des Traubenzuckers. Gewonnen wird die Glucose aus Stärke, die aus reiner Glucose besteht. Allerdings sind diese Glucosemoleküle in langen Ketten von über 5000 Einheiten fest miteinander verbunden. Beim Produktionsprozeß müssen die Ketten nun zunächst weitgehend in Einzelmoleküle zerlegt werden, gleichzeitig wird der Glucosebaustein an die Fettsäure angehängt (siehe *Abbildung 27 b*). Das Ergebnis ist ein Tensid, das neben seinen ökologischen Vorteilen auch hervorragende Wascheigenschaften besitzt. Von allen Tensiden für die Waschmaschine ist es außerdem am hautverträglichsten und mildert in Kombination mit anderen Tensiden die Aggressivität der Gesamtmischung ganz erheblich. Fachleute bezeichnen das Glucosetensid als Alcylpolyglycosid, abgekürzt APG. Die Firma, der als erste die Synthese in großen Mengen gelungen ist, nennt das Produkt „Plantareen".

Leider ist Plantareen noch relativ teuer. Deshalb bieten wir es Ihnen in einer Mischung mit einem milden Fettalkoholsulfat (FAS-Tensid) an, das aus nachwachsenden Rohstoffen hergestellt wird. Es hat ebenfalls exzellente Abbaueigenschaften, und zwar sowohl mit Luftsauerstoff als auch ohne.

Stawa-Super und die Ökologie

Sowohl das APG (Stärke- bzw. Zuckertensid) als auch das FAS (Fettalkoholsulfat), also die beiden Bestandteile unseres *Stawa-Super* (bzw. *Bawa*) besitzen die wohl beste Ökobilanz, die man

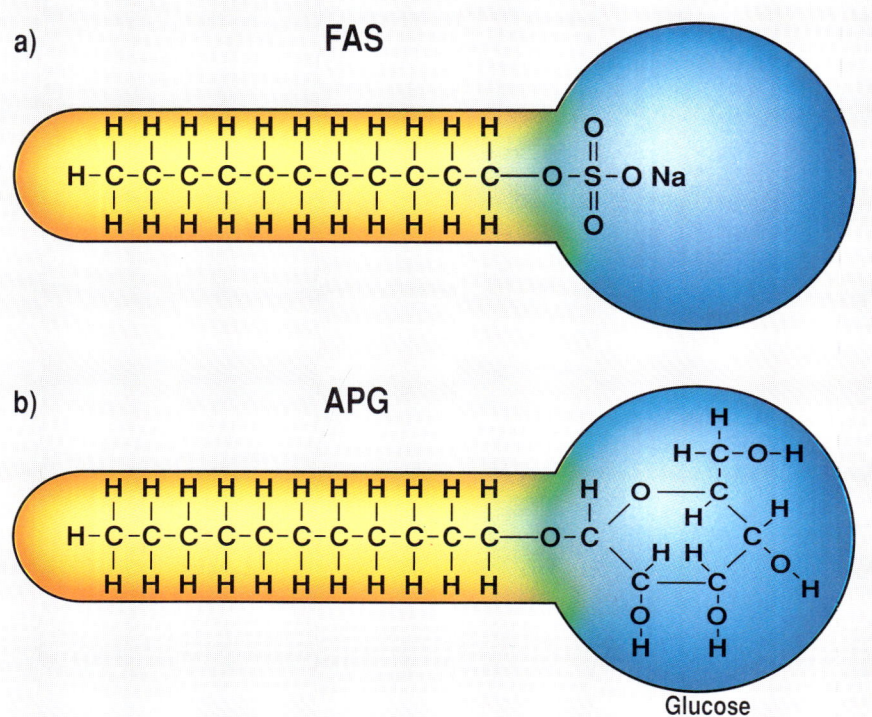

Abb. 27: Die beiden Bestandteile unseres Stawa-Super: ein Fettalkoholsulfatmolekül (FAS) und ein Alcylpolyglycosidmolekül (APG), bei dem ein Glucosemolekül an ein Fettalkoholmolekül angebunden wurde.

sich für ein Tensid wünschen kann. Beide bestehen aus reiner Biomasse, produziert von Pflanzen. Damit erhält auch der Treibhauseffekt der Erdatmosphäre keine zusätzliche Nahrung, was bei Verwendung von Tensiden, die aus Erdöl gewonnen werden, nicht der Fall ist. Beim Abbau von 1 Kilogramm reinem Waschtensid entstehen immerhin 3 Kilogramm Kohlenstoffdioxid. In Form von Trockeneis ist dies eine geringe Menge, gasförmig sind das aber 1500 Liter, die einen Ballon von ca. 1,50 m Durchmesser füllen würden. Zwar entsteht auch beim Abbau unserer Tenside Kohlendioxid, aber dies wurde von den Pflanzen während des Wachstumsprozesses vollständig der Atmosphäre entzogen. Die Pflanzen holen sich das Kohlendioxid aus der Luft, und in Verbindung mit dem Wasser, das sie dem Boden entziehen, bauen sie letztlich ihre pflanzliche Substanz auf. Entscheidende Schaltstelle dabei ist die Photosynthese. Mit ihr speichert die Pflanze die Energie der Sonne in geradezu perfekter Weise. Sie wird chemisch in der Biomasse gebunden Die Photosynthese ist so einer der wichtigsten Motoren des organischen Kreislaufs, des Werdens und Vergehens Es ist sozusagen eine ideale, natürliche Recyclingmaschine.

Für unsere Tenside nehmen wir aus dieser Biomasse zunächst einmal die Fettsäuren, die zu Fettalkoholen umgeformt werden. Die Kokospalmen sind mit die ergiebigsten Pflanzenfett-Lieferanten. Zum anderen wird die Stärke benötigt, die aus kettenförmig aneinandergereihten Glucose-(Traubenzucker-)Bausteinen besteht. Die Chemiker mußten sie in Stücke von 1 bis 3 Traubenzuckermolekülen zerteilen, daher der Name Polyglycosid. Beide Substanzen, der Fettalkohol und das Polyglycosid, müssen dann in komplizierten chemischen Verfahren zusammengebracht werden, damit ein Tensid entsteht, das einerseits wasserliebend, andererseits fettliebend ist. Nur so kann dieses Molekül seine Reinigungsarbeit verrichten, d. h. Fettflecken und daran anhängende sonstige Schmutzbestandteile aus den Textilien lösen.

Das Ergebnis ist, daß nicht nur der Schmutz, sondern auch die intakten Tensidmoleküle in der Lauge zurückbleiben. Was jetzt folgt, ist genauso wichtig wie der eigentliche Waschprozeß. Damit die Natur geschont wird, muß sich dieses Tensid so schnell wie möglich abbauen, und in dieser Hinsicht haben unsere beiden Tenside

geradezu ideale Eigenschaften. Sie bauen sich absolut rückstandsfrei ab, und zwar gilt das sowohl für den Abbau unter Einfluß von Sauerstoff, also die Zersetzung unter „aeroben" Bedingungen, als auch für die Zersetzung unter „anaeroben" Bedingungen, also unter Sauerstoffausschluß.

Bisherige Tenside bringen es laut gesetzlicher Vorschrift häufig zu Abbauraten von 80%, während unsere Tenside 100%ig verschwinden. Dieses Verschwinden ist buchstäblich gemeint, denn im Prinzip bleiben nur Kohlendioxid und Wasser übrig. Dabei entstehen keinerlei giftige oder problematische Zwischenprodukte. Beim Abbau helfen Mikroorganismen, insbesondere Bakterien, für die das Tensid sozusagen einen Leckerbissen darstellt. Zunächst einmal wird der Fett- und der Zuckeranteil aufgespalten, dann werden die Fettalkohole sehr rasch in Fettsäuren umgewandelt, und diese sind wichtige Energielieferanten für den Energiestoffwechsel der Mikroorganismen. In deren Zellen läuft der sogenannte Zitronensäurezyklus ab. Aus diesem Zyklus werden als Abbauprodukte Kohlendioxid und Wasser ausgeschleust. Noch viel einfacher ist der Abbau der Zuckerkomponente. Obwohl die Abbauprodukte völlig ungiftig sind, müssen wir trotzdem aufpassen, daß nicht zuviel auf einmal davon in die Umwelt eingeleitet werden. Der Grund dafür ist, daß das Tensid so nahrhaft für viele Mikroorganismen ist. Deswegen sprechen wir bewußt nicht von einem umweltfreundlichen Tensid, sondern von einem umweltakzeptablen. Die Gefahr, daß das Grundwasser mit zu viel Tensidsubstanz überschwemmt

wird, ist bei unserem Tensid allerdings ausgesprochen gering, denn es besitzt – bezogen auf die eingesetzte Tensidmenge – eine außerordentlich hohe Waschkraft. Sie ist signifikant höher als bei dem bisher am meisten eingesetzten Erdöltensid mit der chemischen Bezeichnung LAS (Lineares Alkylbenzolsulfonat). Im Klartext heißt das, daß die nötige Biomasse geringer ist als die vergleichbare Erdölmenge. Bei der üblichen Anwendung ist unser Tensid der klassischen Seife im extremen Vorteil. Es ist dreimal effektiver als die von einigen unwissenden Umweltschützern so hoch gelobte Kern- und Schmierseife. Hinzu kommt noch, daß unsere Tenside praktisch wasserhärteunabhängig sind. Wir benötigen daher weder Wasserenthärter wie Phosphate, noch Mittel, die diese ersetzen. Auch sie sind ja mittlerweile ins Gerede gekommen, wie z. B. das EDTA (vgl. *Seite 37*).

Was die Rezeptur unseres *Stawa-Super* anbelangt, so besteht diese zu 60% aus dem Stärke- bzw. Zuckertensid APG und zu 40% aus dem FAS, dem Fettalkylsulfat. Wir mischen diese beiden Substanzen, weil sich die Gesamtwaschwirkung beider Tenside mehr als addiert. Hier ist nicht $1 + 1 = 2$, sondern sogar $= 3$. Diesen Effekt nennt man in der Fachsprache Synergismus. Da wir dadurch mit noch weniger Aktivsubstanzen auskommen, wird die Umwelt doppelt geschont, nämlich einmal durch die Verträglichkeit der Substanz selbst und zweitens durch die weit geringere Menge.

Ein weiterer Vorteil unseres Mittels besteht darin, daß es nicht mit einem künstlichen Konservierungsmittel versetzt ist, wie viele andere käufliche

Flüssig-Universalwaschmittel. Diese Funktion übernimmt bei uns unter anderem ein kleiner Zusatz von Weingeist, also Alkohol, oder, wie er in der Fachsprache heißt, „Ethanol". Dieser Zusatz bewirkt gleichzeitig, daß sich das Tensid im Spülgang noch schneller von der Faser löst, so daß auch kaum Rückstände auf den Fasern zurückbleiben, was vor allem für allergiegefährdete Menschen besonders wichtig ist. Ebenfalls der Umwelt zuliebe sind wir dazu übergegangen, das *Stawa-Super* in Form eines Konzentrats anzubieten. Das hat den Vorteil, daß geringerer Verpackungs- und Transportaufwand anfällt und daß die Füllstoffe entfallen, die zum Teil in Pulverwaschmitteln in großer Menge enthalten sind und zusätzlich noch das Wasser belasten. Sie persönlich haben dadurch aber auch einen Vorteil: Sie brauchen beim Kauf kein unnötiges Gewicht in Form von überflüssigem Wasser herumzuschleppen. *Stawa-Super*-Konzentrat erhalten Sie überall dort, wo Hobbythek-Produkte angeboten werden (siehe Anhang).

Konzentrate haben aber auch einen Nachteil, den wir im Gegensatz zu den Waschmittel-Konzernen nicht hinnehmen wollen. Da pro Waschgang wesentlich weniger Menge dosiert werden muß, neigt der Verbraucher leicht dazu, schnell mal etwas mehr in den Meßbecher zu gießen, allein schon, weil man eine geringere Menge auf der Skala schlechter ablesen kann, aber auch, weil wir vielfach noch dem Trugschluß unterliegen, „viel hilft viel". 10 ml zuviel, z. B. von einem Doppelkonzentrat, bedeutet soviel unnötige Abwasserbelastung, als wenn Sie dies mit der gleichen Menge eines unkonzentrierten Waschmittels tun würden. Deshalb empfehlen wir Ihnen, nach dem Kauf das *Stawa-Super*-Konzentrat oder auch das nachfolgend beschriebene *Bawa*-Konzentrat 1 : 1 zu verdünnen, d. h. auf 250 ml Konzentrat kommen 250 ml normales Leitungswasser. Schütteln Sie alles einmal kurz, dann ist das Waschmittel einsatzbereit. Etikettieren Sie die Flasche mit der Aufschrift „*Stawa-Super*" oder entsprechend „*Bawa*".

Auf diese verdünnten Waschsubstanzen haben wir folglich auch alle unsere Rezepte und ebenso die Dosierungsangaben in der Waschtabelle bezogen. Wenn dort *Stawa* oder *Bawa* steht, dann meinen wir also nicht das Konzentrat, sondern die 1 : 1 verdünnte Lösung. Wie erwähnt, bringt dies den Vorteil, daß Sie alles viel präziser dosieren können.

Verdünnen Sie aber niemals mehr als 500 ml Konzentrat, denn im verdünnten Zustand ist es nur noch 1 bis 2 Monate bei Zimmertemperatur haltbar, während das Konzentrat spielend eine Haltbarkeit von über einem Jahr erreicht.

Bawa und Bawa-Konzentrat

Einige Leser und Zuschauer machten uns darauf aufmerksam, daß wir doch eigentlich das Waschbaukasten-System erheblich vereinfachen könnten, wenn wir sozusagen die Basiswaschsubstanzen schon fertig gemischt anbieten würden. Es reichte, wenn nur die Pflegestoffe wie Prosyn oder Probunt bzw. Proweiß später im Hauptwaschgang zugefügt würden. Wir haben uns die Kritik zu eigen gemacht und bieten Ihnen ein Basiswaschmittel, das 3 Komponenten, die sich untereinander gut vertragen, zusammenfügt. Das ist zunächst einmal als Hauptwaschmittel das *Stawa-Super*. Hinzu kommt der Faserpflegestoff *Softin* **und anschließend, um das Schäumen ganz sicher in den Griff zu bekommen,** das *Schaum-Ex*. Diese Mischung wird mittlerweile ebenso in allen Läden und Versandfirmen vertrieben, die die Hobbythek-Substanzen generell führen, und zwar unter der Bezeichnung *Bawa*-Konzentrat.

Aus gleichen Gründen, wie oben beschrieben, verdünnen Sie *Bawa*-Konzentrat genauso wie *Stawa-Super*-Konzentrat im Verhältnis 1 : 1, d. h. auf 250 ml Bawa-Konzentrat, also ¼ l, kommen 250 ml (¼ l) Leitungswasser. Vergessen Sie nicht, die Flasche deutlich mit *Bawa* zu beschriften. Auf diese Bawa-Lösung sind ebenfalls alle unsere Rezeptangaben bezogen.

Aufmerksame Hobbythek-Kunden werden möglicherweise bemerkt haben, daß wir mit dem *Bawa* ein uns selbst auferlegtes Prinzip durchbrochen haben. Wenn möglich, bieten wir Ihnen stets die Rohstoffe einzeln an, besonders bei Allergikern hat sich diese Methode bewährt, nicht nur mit unseren Kosmetikrezepten, die mittlerweile ja schon von Hautärzten besonders aus diesem Grund verschrieben werden. Oft ist es nur ein einzelner Stoff aus einem Kombinationsprodukt, der nicht vertragen wird. Wenn Sie z. B. auf nur eine Komponente eines Universalwaschmittels allergisch reagieren, dann sind Sie aufgeschmissen. Bei uns

haben Sie jedoch wesentlich mehr Wahlmöglichkeiten (siehe Allergietest, *Seite 59*). Für den Fall, daß Sie *Bawa* also selbst zusammenmischen wollen, geben wir Ihnen hier selbstverständlich das nötige Rezept:
Geben Sie in

250 ml Stawa-Super-Konzentrat
125 ml Softin
15 ml Schaum-Ex.

Vermischen Sie alles kurz miteinander und gießen Sie nun die Menge mit Leitungswasser auf insgesamt 500 ml auf, d. h. präzise gesprochen, wenn Sie richtig abgemessen haben, dann nehmen die 3 obigen Substanzen genau 390 ml Volumen ein, d. h. Sie müssen noch 110 ml Leitungswasser zufügen, um *Bawa* in unkonzentrierter Lösung zu erhalten, so wie Sie es in unseren Rezepten einsetzen müssen. Aber keine Angst, auf plus/minus 10 ml kommt es bei diesem Rezept nicht an, im Gegensatz zur späteren Dosierung des *Bawa* in der Waschmaschine. Da sollten Sie in jedem Fall die Maximalmengen einhalten, um die Umwelt nicht unnötig zu belasten.
Eine wichtige Komponente in unserem Grundwaschmittel haben wir bewußt noch nicht erwähnt: das Enzym (vgl. *Seite 21* und *46*). Besonders in Flüssigwaschmitteln verlieren Enzyme durch Lagerung schnell ihre volle Wirksamkeit. Deshalb haben Universalflüssigwaschmittel in offiziellen Waschmitteltests auch häufig recht schlecht abgeschnitten. Wir mit unserem Komponentenbaukasten haben damit aber keine Probleme. Wir können diese biologische Komponente ja ganz einfach unmittelbar vor dem Waschgang zufügen. So verliert das Enzym überhaupt keine Kraft.

Biozym SE

Dies ist eines unserer Enzym-Präparate. Das S deutet darauf hin, daß es Stärke abbaut und E, daß es auch zusätzlich Eiweiß angreift. Wir haben dem Biozym generell die Farbe Leuchtorange gegeben.
Das Wort Enzym stammt aus dem Griechischen und heißt schlicht: aus Hefe. Die alten Griechen ahnten schon, daß es ein bestimmter Stoff der Hefe sein müsse, der ihnen den Traubensaft zu edlem Wein verwandelte. Recht hatten sie!
Enzyme sind biologische Katalysatoren, die in allen lebenden Zellen in großer Anzahl vorhanden sind und dort den Stoffwechsel regeln. Sie sind alle hochspezialisiert, d. h. jedes ist nur für eine bestimmte Reaktion einsetzbar. Unsere Enzyme werden aus harmlosen Bakterienzellen isoliert, was durch die moderne Biotechnologie möglich geworden ist.
Anders als bei manchen Nobel-Karossen heißt SE beim Biozym Stärke und Eiweiß. Das eiweißabbauende Enzym ist eine Protease, die Eiweißarten an einer bestimmten Stelle spaltet (für Fachleute: Es ist eine Protease vom Serintyp). Die Spaltstücke sind dann meist bereits klein genug, um ohne weiteres mit dem Waschwasser weggespült zu werden. Ein Enzym baut in einer Minute bis zu fünf Millionen Eiweißfäden ab.

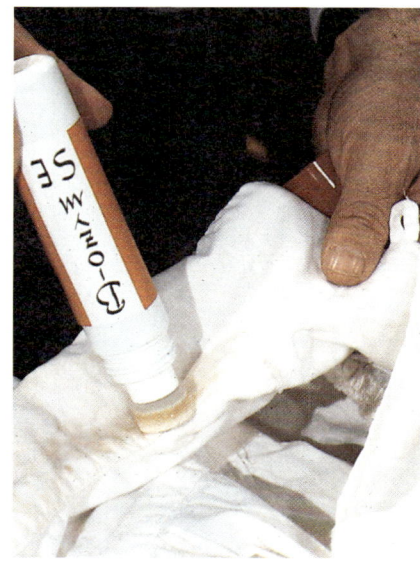

Abb. 28: *Biozym SE* löst stärke- und eiweißhaltige Flecken.

Für die optimale Wirkung der Enzyme bringt eine Einweichzeit wesentliche Vorteile. Die größte Wirksamkeit erzielt man in leicht alkalischem Wasser bei einem pH-Wert von 9 und einer Temperatur von 50° C. Ein paar Stunden Einweichen in kaltem Wasser sind genauso gut wie zwanzig Minuten bei 55° C. In Japan ist das Einweichen der Wäsche mit Hilfe von Enzymen schon lange üblich. Das spart erheblich Energie.
Das biologische Bewußtsein ist bei uns offensichtlich noch nicht ausreichend entwickelt. Biologische Mittel haben gegenüber den chemischen also den wichtigen Vorteil, daß sie in viel geringerem Maß verbraucht werden und über eine längere Zeit wirken.

Manchmal werden Bedenken angemeldet, daß Reste von Enzymen auf der Wäsche zurückbleiben und unserer Haut schaden könnten. Dies hat sich aber als ein unbedeutendes Problem herausgestellt. Trotz millionenfacher Anwendung in Waschmitteln werden in der wissenschaftlichen Literatur nur 6 Fälle von Hautproblemen erwähnt. Durch einen Allergietest läßt sich diese äußerst seltene Anfälligkeit leicht ermitteln. Wenn Sie glauben, betroffen zu sein, lassen Sie das Enzym beim Waschen Ihrer Unterwäsche eine Zeitlang weg. Verschwinden die Symptome, kommt das Enzym als Ursache in Frage, was Sie von Ihrem Arzt endgültig klären lassen können. Im übrigen: Enzyme sind sehr gut wasserlöslich und werden schon beim normalen Waschprozeß sehr stark verdünnt. Wir bieten *Biozym SE* in einer 3,75%igen Lösung an, die zusätzlich noch *Gruwa* und ein wenig Isopropylalkohol enthält.

Zum Schluß: Diese Enzyme können nur „natürliche" Flecken gut entfernen. Wenn Sie den Eigelbfleck mit heißem Wasser behandelt haben, zum Beispiel in der Kochwäsche, scheitern Enzyme an den „denaturierten", eingebrannten Flecken. Solche Flecken also möglichst frisch mit etwas Biozym SE befeuchten und nicht heißer als 40° C waschen.

Das *Enzym S* baut Stärke ab, und da Stärke auf lateinisch Amylum heißt, werden diese Enzyme im Fachchinesischen auch Amylasen genannt. Sie bauen die langen Stärkemoleküle, die wie Kleister wirken, in gut wasserlösliche Zuckerpartikel ab. Das *Enzym E* baut Eiweiß ab. Eiweiß heißt in der Fachsprache auch Protein, und Enzyme, die Proteine lösen, werden Protease genannt. Beide Enzyme vertragen sich sehr gut miteinander, so daß wir sie gemeinsam in eine Lösung einbringen konnten. Dies ging leider nicht noch zusätzlich mit der nächsten Substanz, dem *Biozym F*. Biozym sollte nicht über 25° C gelagert werden!

Biozym F

Das F deutet darauf hin, daß es fettabbauend ist, d. h. Fettflecken beseitigen hilft. Als Signalfarbe haben wir ihm ebenfalls Leuchtorange gegeben.

Da wir in unserem Waschmittelsystem mit *Bawa* bereits eine Substanz haben, die sehr gut Fett löst, brauchen wir dieses Enzym nicht generell. Aber als Wäschevorbehandlung ist Biozym F besonders gut geeignet, insbesondere auch bei Synthetikfasern. Gerade auf Synthetikfasern hält sich Fett sehr hartnäckig, weil eine gewisse Verwandtschaft zwischen Fettmolekülen und den künstlichen Polymeren, den Synthetikfasern, besteht.

Auch so fiesen Flecken wie Lippenstift oder Schuhcreme ist mit einer Vorbehandlung durch *Biozym F* gut beizukommen. Motoröl ist kein „biologisches" Öl, weshalb Biozym keine Chance dagegen hat.

Enzyme sind noch ziemlich teuer. Deshalb werden fettabbauende Enzyme auch noch nicht in handelsüblichen Waschmitteln eingesetzt. *Biozym F* ist eine wichtige Premiere auf dem Waschmittelsektor.

Cot'nueva

Auch hier handelt es sich um ein Enzym. Es kann Zellulose, eine Verwandte der Stärke, abbauen. Wir haben dieser Substanz die Farbe Leuchtgrün gegeben.

Cot'nueva ist ein wahrer Jungbrunnen für alle abgenutzten Wäschestücke aus Baumwolle. Baumwolle ist im neuen Zustand ein Gewebe aus glatten Fasern. Bei Gebrauch spleißen sich die Fasern immer mehr auf, und die Hauptfasern bekommen Härchen. Dadurch wird die Stoffstruktur aufgeweitet, und die Farben werden heller.

Cot'nueva schneidet nun diese Härchen ab. Die Enzyme bauen kleine Zellulosefäden eher ab als dicke Baumwollstränge. Wenn man das alte T-Shirt allerdings zu lange in einer konzentrierten Cot'nueva-Lösung stehen läßt, greift die Zellulase, das Zellulose abbauende Enzym, auch die Hauptstränge an. Das T-Shirt wird letztlich zu Traubenzucker abgebaut. Bei der Renovierung von alten Baumwollsachen müssen Sie sich also genau an die Anleitung halten. Sicherer ist es auch, mehrmals in verdünnter Lösung anstatt einmal in konzentrierter Lösung zu arbeiten. Allen Enzymen gemeinsam ist, daß sie im Abwasser völlig unproblematisch sind.

Dieses Enzym ist auch absolut unschädlich für den Menschen, da in unserem Körper keine Zellulose vorkommt. Trotzdem spielt Zellulose in unserer Ernährung eine wichtige Rolle als Ballaststoff. Es ist in fast allen Gemüsen, in Schrot, in Vollkornbrot etc. enthalten. Da unser Körper kein zelluloseabbauendes Enzym besitzt, kann sie daher nicht verwertet werden. Grundsätzlich ist die Zellulose, ähnlich wie die Stärke, auch aus kleinsten Zuckerbausteinen aufgebaut. Nur wiederkäuende Tiere, wie Ziegen, Schafe und Kühe, haben in ihrem Magen die Möglichkeit, Zellulose umzusetzen, genau gesagt, helfen dabei enzymproduzierende Bakterien.

Softin

Dieser Substanz haben wir die Kennfarbe Himmelblau verliehen. Bei Softin denken Sie sicherlich an die bekannten Wäscheweichspüler. Diese haben durchaus negative Eigenschaften: Sie machen die Fasern weniger saugfähig und bleiben in beachtlicher Menge auf der Wäsche. Dadurch kann es nicht nur zu Unverträglichkeitsreaktionen der Haut kommen, sondern es hat auch die Folge, daß bei der nachfolgenden Wäsche unnötig viel Waschmittel benötigt wird. Gleichzeitig sind diese kationischen Tenside, aus denen die Weichspüler bestehen, in der Regel recht schlecht abbaubar und vor allen Dingen giftig für Fische und Pflanzen.
Unser Softin hat mit Weichspüler nun wirklich überhaupt nichts zu tun. Trotzdem macht es auf seine Art die Fasern weicher. Es verhindert nämlich einerseits die Bildung von Härtesalzen, die sich im Leitungswasser befinden, und überführt diese Kalksalze in eine besser auswaschbare Form, andererseits sorgt es dafür, daß sich Schmutzpartikel, die mit Hilfe des Tensids gerade von der Faser abgelöst worden sind, nicht wieder erneut auf den Textilien niederschlagen können. Softin bewirkt

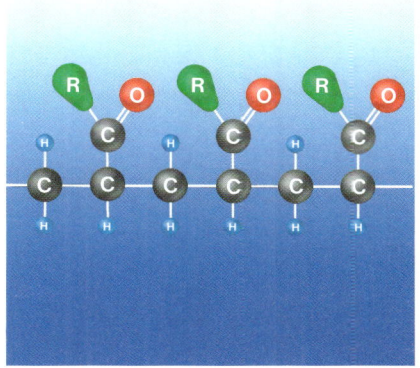

Abb. 29: Ein Polyacrylat-Molekül der Substanz, die im *Softin* enthalten ist.

außerdem, daß Wäsche aus Naturfasern nicht so schnell vergraut.
Chemisch gesehen ist *Softin* ein polymerer Stoff, ein sogenanntes Polyacrylat. Es liegt in starker Verdünnung, d. h. in ca. 10%iger Mischung vor. Das Polyacrylat baut sich im Wasser relativ schlecht ab, allerdings erzeugt es auch keine giftigen Stoffe und lagert sich bestenfalls im Klärschlamm ab. Für eine schädliche Wirkung gibt es bisher keinerlei Hinweise, und was die Ablagerung anbelangt, muß man berücksichtigen, daß die Dosis pro Wäsche verschwindend gering ist, so daß auch davon keine negativen Wirkungen ausgehen können. *Softin* ist einzeln und im Bawa-Konzentrat vorgemischt erhältlich.

Schaum-Ex

Die Etikettenfarbe ist Rosa. Die Hobbythek-Waschmittel sind für den Fall aus-

gelegt, daß die Wäsche besonders schmutzig ist. Wenn Sie nun wenig verschmutzte Wäsche waschen, kann manchmal beim Waschen der Schaum zum Problem werden. Viel Schaum ist aber nicht akzeptabel, weil dadurch die Wäschestücke in einem Schaumpolster liegen und durch die Trommelbewegung nicht mehr richtig gewalkt werden.
Dagegen gibt es Abhilfen:
1. Verwenden Sie weniger Waschmittel.
   Sie werden feststellen, daß selbst bei nur 30 ml *Bawa* Ihre Wäsche sauber wird.
2. Nehmen Sie den Silikon-Entschäumer *Schaum-Ex,* den wir Ihnen in unserem Baukasten anbieten.
Er besteht aus einer Emulsion eines Silikonöls. Silikone sind völlig ungiftig und brauchen daher keinen kindersicheren Verschluß. Es bestehen auch keine umweltrelevanten Bedenken.
Da im *Bawa* bereits *Schaum-Ex* zugemischt ist, brauchen Sie höchstens bei extrem weichem und daher sehr schaumbereitem Wasser geringe Zusatzmengen von *Schaum-Ex* zuzufügen, und zwar am besten direkt ins *Bawa*. Geben Sie dann pro 250ml *Bawa* ca. 5–10 ml *Schaum-Ex* hinzu.
Die Flasche müssen Sie nun sehr gut schütteln, und die Probleme mit der überschäumenden Lauge sind gelöst. Aber, wie gesagt, prüfen Sie bei Schaumproblemen stets zuerst nach, ob Sie nicht auch mit weniger Basiswaschmittel auskommen.

Probunt

Bunt ist der Regenbogen, weshalb wir seine Farben für Probunt ausgewählt haben.

Sie kennen alle die Situation: Die weiße Wäsche wird so bunt wie nie zuvor, weil Sie das neue rote T-Shirt mit der anderen Wäsche gewaschen haben. Entweder liegt es an den Farben selbst, die nicht echt sind, oder das T-Shirt ist falsch eingefärbt worden. Synthetics sind in diesem Punkt pflegeleicht: Sie nehmen so gut wie keine Farbe von anderen Wäschestücken an. Baumwolle dagegen tut das sehr gern. Dagegen gibt es das Polyvinylpyrrolidon (PVP) — ein wasserlösliches Harz, das in der Kosmetik als Haarspray Verwendung findet.

Vielleicht liegt der Grund für den verspäteten Einsatz von PVP in Waschmitteln auch im höheren Rohstoffpreis. Zum anderen ist heutzutage der Anteil bunter, pflegeleichter Wäsche aber auch deutlich höher als noch vor ein paar Jahren. Das PVP umschließt die Farbpartikel im Waschwasser und verhindert so das Verfärben empfindlicher Wäschestücke. Bei fachgerecht gefärbten Wäschestücken ist das Risiko der Verfärbung relativ klein. Bei unbekannten Farbqualitäten daher am Anfang lieber mehr Probunt als angegeben nehmen, später können Sie dann durchaus etwas weniger nehmen. Dieser Hinweis gilt vor allem für Rottöne in der Wäsche.

Leider gibt es besonders bei Importware Textilien, die man auch als Textilfarben verwenden könnte. Der Farbstoff ist kaum an die Faser gebunden, so daß das beste Mittel nicht gegen das Verfärben helfen kann. Deshalb machen Sie uns nicht verantwortlich, wenn mal was danebengeht.

Prosyn

Eine Pflegekomponente für synthetische Fasern. Wir haben es gelb gekennzeichnet, weil synthetische Fasern mitunter merklich vergilben. Da hilft kein Bleichen, und Aufhellen ist normalerweise auch nicht möglich. Deshalb ist es sehr wichtig, Kunstfasern von Anfang an bestmöglich zu schützen; und dazu ist Prosyn besonders gut geeignet. Es ist ein völlig neues Mittel, das noch nicht in gängigen Waschmitteln zu finden ist.

Prosyn ist im wesentlichen ein spezielles nichtionisches Tensid, das in der Waschlauge die Synthetikfaser mit einem dünnen Schutzfilm überzieht. Weil Prosyn gleichzeitig auch Emulgatoreigenschaften besitzt, bewirkt es zusätzlich, daß zukünftiger Schmutz nicht so fest an der Faser haften kann. Sie beugen also gleichzeitig vor. Diese Wirkungen entfaltet es allerdings nicht auf Naturtextilien.

Abb. 30: Alle unsere Waschmittel-Substanzen sind flüssig – bis auf *Proweiß*.

Prosyn ist mit *Gruwa* chemisch verwandt. Für Fachleute: Es besteht aus verschiedenen fettlöslichen Fettalkoholen, die entlang einer wasserlöslichen Polyglycolkette angeordnet sind. Gruwa ist auch ein (Kokos-)Fettalkohol, an dessen Enden sich ebenfalls ein Polyglycolether befindet. Daran können Sie erkennen, daß auch unser Gruwa zu einer Klasse von extrem faserpflegenden Textilien gehört.

Prohell

Silberweiß ist unser *Prohell*.
Hier geht es um optische Aufheller, jene chemischen Zaubermittel, die Wäsche heller strahlen lassen, als sie eigentlich ist. Die Wäsche-Aufheller schlucken das für unser Auge unsichtbare UV-Licht und senden dann farbiges, nur mehr sichtbares Licht aus. Die meisten ökologisch interessierten Menschen lehnen diese Chemikalien für strahlendes Weiß als überflüssig ab. Recht haben sie. Jedoch haben anscheinend viele Menschen ein Bedürfnis nach superweißer Wäsche, weil sie damit Sauberkeit assoziieren. So wollen wir hier ein einigermaßen verträgliches Produkt vorstellen. Es handelt sich um eine Substanz aus der Gruppe der Stilbene.

Proweiß

Logischerweise haben wir dafür die Etiketten-Erkennungsfarbe Weiß gewählt. Es ist unser Bleichmittel, und es besteht aus einer Mischung zweier umweltverträglicher Salze.

Bleichmittel sind sozusagen ein Nadelöhr für den Umweltschutz. Kein Wunder, daß sich an ihnen die Geister scheiden.
Wir deuteten es schon im historischen Teil dieses Buchs an: früher war das Eau de Javel ein beliebtes, allerdings äußerst aggressives Bleichwasser. Es

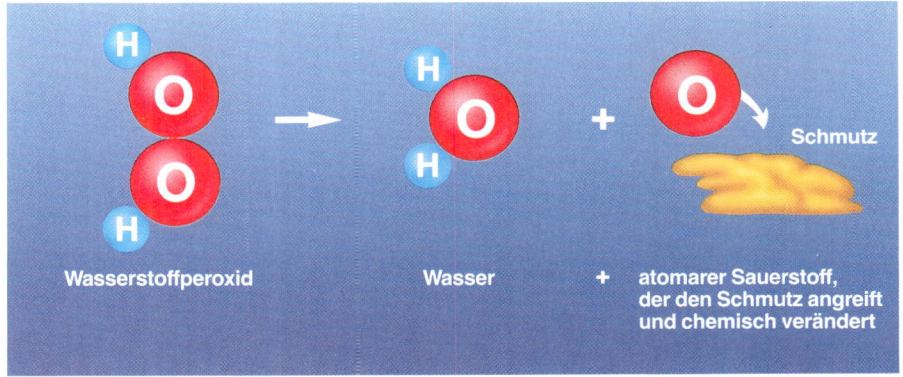

Abb. 31: Aktiver Sauerstoff aus dem Bleichmittel *Proweiß* baut auch hartnäckigen Schmutz ab.

ist das sogenannte Natriumhypochlorid, bei dem das Chlor unter Einfluß des Sonnenlichtes aus der Lösung atomaren, aktiven Sauerstoff freisetzt, der dann jede Gelegenheit wahrnahm, sich mit irgendwas zu verbinden. Bei der Wäsche sollte er den Schmutz angreifen, insbesondere bleibende Verfärbungen. So war es jedenfalls beabsichtigt.
Daneben ging es häufig auch der Faser an den Kragen oder der Haut der Wäscherin, weil auch Chlor entstand.
Später verbesserte man diese Bleichmittel, so daß man auch ohne Sonne auskam. Eines ist bis heute in Gebrauch: das Perborat, ein Salz, das

ebenfalls diesen chemisch aktiven Sauerstoff, und zwar als Peroxid (H_2O_2) gebunden enthält. Beim Waschprozeß wird atomarer Sauerstoff frei, der den Schmutz chemisch so verändert, daß er wasserlöslich gemacht wird.
Deshalb haben wir uns für eine ganz neue Konzeption entschieden: Auch wir lassen aktiven Sauerstoff für uns arbeiten, d. h., wir nutzen ebenfalls ein Peroxid, aber wir verpacken dieses Peroxid in einen Begleitstoff, der nicht umweltschädlich ist.
Wir nehmen eine Art Soda, in deren Kristallstruktur Wasserstoffperoxid gebunden ist. Dieses Perkarbonat setzt das Peroxid im Wasser frei und beginnt dann seinen Säuberungsprozeß.
Wenn wir mit dieser Sodaart allein waschen würden, was unsere Großeltern manchmal machten (vgl. *Seite 16*), dann würde die Lauge stark alkalisch werden. (Zu Ihrer Information: Ob eine Lösung sauer oder alkalisch ist, dar-

über gibt der pH-Wert Auskunft. Den pH-Wert kann man messen: von sieben bis null liegen die Säuren, und von sieben bis vierzehn die Laugen. Je höher der Wert, um so aggressiver wird die Lauge oder Base.)

Mit Soda können pH-Werte von über 11 erhalten werden. Darunter würde die Wäsche aber leiden, wie das früher ja auch der Fall war. Deshalb brauchen wir einen zweiten Stoff, der den pH-Wert wieder reguliert.

In diesem Zusammenhang sprechen Chemiker von Puffern, die die Lauge abschwächen. Hoechst hat eine Substanz dafür entwickelt, ein sogenanntes Schichtsilikat, abgekürzt SKS. Dieses Schichtsilikat zerfällt beim Waschen weitgehend in das schon von unseren Urgroßmüttern benutzte Wasserglas, und ist ebenfalls garantiert umweltneutral. SKS unterstützt sogar die Waschwirkung ganz allgemein und verhindert darüber hinaus mögliche Kalkablagerungen an den Heizstäben.

Die Bildung dieser unangenehmen Kalkschichten passiert erst bei höheren Temperaturen, über 65 bis 70° C. Wenn wir zum Beispiel bei 60° C waschen, ist das SKS für uns eine zusätzliche Sicherheit, denn wer weiß, ob die Temperaturregelung der Waschmaschine nicht doch mal 70° C statt 60° C erreicht. Leider folgt die tatsächliche Temperatur nicht immer der Einstellung des Thermostats.

Da unser Proweiß ein Pulver ist, geben Sie es in das Pulverfach für den Hauptwaschgang hinein (vgl. Rezepte, *ab Seite 63* und *beigefügte Tafel*).

Der aktive Sauerstoff im *Proweiß* wirkt übrigens stark desinfizierend, wenn Sie also Ihre Wäsche keimfrei machen wollen, dann müssen Sie sie nicht unbedingt kochen, *Proweiß* sorgt ebenso für eine schonende Keimtötung. Wenn Sie allerdings *Proweiß* bei der Handwäsche einsetzen, sollten Sie in jedem Fall Gummihandschuhe anziehen, denn der aktive Sauerstoff kann auch Ihre Haut angreifen. Sollte Lauge, in die *Proweiß* gerade eingemischt wurde, an Ihre Haut kommen, dann spülen Sie sofort mit klarem Wasser ab. Die Lauge verliert übrigens nach einiger Zeit ihre bleichende Aggressivität, weil das Peroxid bereits durch geringe bleichende Schmutzpartikel katalytisch zersetzt wird. Auch das ist ein Pluspunkt für die Umwelt.

Fluid-Seife

Auf den Etiketten erkennen Sie es an der Farbkennzeichnung Braun. Diese Farbe haben wir deshalb gewählt, weil es sich bei der Fluid-Seife um eine flüssige Schmierseife handelt.

Flüssig ist sie, weil wir eine relativ geringe Konzentration, ca. 17%, gewählt haben. Mit dieser Schmierseife kann man, wenn man will und unser Schaum-Ex Ihnen zu chemisch vorkommt, ebenfalls den Schaum bremsen. Geben Sie

20 bis 30 ml Fluid-Seife

anstelle von Schaum-Ex in Ihr Waschmittel. Schmierseife läßt sich generell im Haushalt ganz gut verwenden. Zum Beispiel können Sie damit Parkettböden sehr gut reinigen.

Kalweg

Kalweg ist die Bezeichnung für unseren Entkalker mit der Etikettenfarbe Violett.

Er besteht nun wirklich aus einem biologisch völlig unverdächtigen Stoff, nämlich zu 50% aus Zitronensäure, einer organischen Säure, die in der Natur eine entscheidende Rolle spielt. Die Biologen kennen den sogenannten Zitronensäurezyklus, der ein ganz wichtiger natürlicher Kreislauf ist.

Damit Zitronensäure besser dosierbar ist, haben wir sie in Wasser gelöst.

Wir verwenden *Kalweg* bei Waschgängen, mit Temperaturen über 50° C.

Kalweg kommt in den letzten Spülgang. Füllen Sie es am besten in das Fach, das sonst für den Weichspüler vorgesehen ist. Sollten sich an der Wäsche irgendwelche Kalkreste abgesetzt haben, dann werden sie durch die Zitronensäure wieder gelöst und ausgeschwemmt. Dadurch wird die Wäsche auch etwas weicher und besser zu bügeln.

Wenn Sie wollen, können Sie unser *Kalweg* mit Parfüm vermischen. Parfümöle werden jedenfalls von ihm nicht angegriffen. Das ist insofern praktisch, weil das Parfüm ebenfalls nur in den Nachspülgang hineingehört.

Übrigens: Auch Kaffeemaschine, Wasserkessel, Dampfbügeleisen usw. können Sie mit *Kalweg* entkalken.

Waschmittelparfüm

Im Prinzip können Sie hier jedes Parfüm verwenden, das Ihnen gefällt. Es muß allerdings mit einem Lösungsvermittler wasserlöslich gemacht werden. Wir haben einen Lösungsvermittler gewählt, der auch in der Kosmetik Anwendung findet. Es ist eine Art Emulgator. Allerdings reagieren manche Menschen gerade auf ätherische Öle und Parfüms allergisch. Wenn Sie nicht auf guten Wäscheduft verzichten wollen, machen Sie vorher einen Allergietest, wie er zum Beispiel in den Hobbythek-Büchern „Cremes und sanfte Seifen" und „Gesundheit mit Kräutern und Essenzen" ausführlich beschrieben ist.

Was tun bei Allergieproblemen?

Wenn Sie Probleme mit Hautallergien haben, dann sollten Sie einmal die Möglichkeit in Ihre Überlegungen einbeziehen, ob nicht möglicherweise das Waschmittel eine der Ursachen sein könnte. Dies kommt zwar selten vor, aber ganz von der Hand zu weisen ist es nicht. Schon eine einzige Substanz der vielen Komponenten eines Universalwaschmittels kann ausreichen, um Ihnen viel Kummer zu bereiten. Welche Substanz das nun letztlich ist, das herauszufinden, ist bei den Fertigmischungen praktisch kaum möglich. Achten Sie in jedem Fall zunächst einmal auf extrem gutes Spülen nach dem Waschgang. Gegebenenfalls sollten Sie den Spülgang in Ihrer Waschmaschine wiederholen. Um die Auswaschbarkeit der Substanzen zu verbessern, haben wir in unserem Baukastensystem einen 10%igen Zusatz von Alkohol ins *Bawa*- oder *Stawa-Super*-Konzentrat hineingegeben.

Gleichzeitig haben Sie bei uns aber noch zusätzlich die Möglichkeit, durch einen einfachen Test der Substanz, die möglicherweise der Übeltäter ist, auf die Spur zu kommen. Grundsätzlich sollten Sie wissen, daß fast alle Stoffe, ob natürlich oder synthetisch, Quellen für Allergien sein können. Obwohl wir uns darum bemüht haben, auch die Hautverträglichkeit bei der Zusammenstellung der einzelnen Komponenten unseres Systems zu berücksichtigen, kann es daher durchaus passieren, daß Sie eine davon nicht vertragen. Äußerst selten ist die Wahrscheinlichkeit, daß unser Basistensid *Stawa-Super* Allergien auslöst. Gleiches gilt für *Schaum-Ex* und *Softin*. Auch *Probunt* und *Prosyn* sind relativ unproblematisch, aber wer Zweifel hat, kann alle Substanzen durchaus in den nachfolgend beschriebenen Test mit einbeziehen. Quellen von Allergien in seltenen Fällen können durchaus *Prohell* und vor allen Dingen die *Biozyme* sein, aber auch hier ist die Wahrscheinlichkeit nicht besonders groß, weil Biozyme beispielsweise bei gutem Nachspülgang praktisch vollständig ausgewaschen werden. Nach dem Trocknen sind sie dann überhaupt nicht mehr nachweisbar. Gegen *Proweiß* ist eine Allergie nicht möglich, da es ein Stoff wie Soda ist.
Hier nun ein einfacher Selbsttest, den Sie allerdings, wenn Sie auch nur kleine Zweifel haben, am besten mit Ihrem Hautarzt abstimmen sollten. Tragen Sie die einzelnen Substanzen in möglichst großer Verdünnung auf empfindlichen Hautstellen, am besten auf Ihrem Innenarm, auf, und markieren Sie mit einem abwaschbaren Filzstift, wie in *Abbildung 32* angegeben.

Lassen Sie die Substanzen 12 bzw. 24 Stunden auf der Haut und beobachten Sie, ob eine Rötung erfolgt. Diesen Test wiederholen Sie nach Möglichkeit nach 4 Wochen nochmals. Wie gesagt, dieser Vorschlag gilt nur für diejenigen, die generell nach Ursachen für unerkläreliche allergische Hautreaktionen suchen. In der Regel ist die Allergiegefahr bei unserem Waschmittel relativ gering. Verdünnen Sie für den Allergietest *Stawa-Super, Softin, Schaum-Ex, Probunt, Prosyn* und *Prohell* am besten folgendermaßen in einem Eierbecher: Geben Sie einen Tropfen der Substanz hinein und verdünnen Sie diese mit 30 Tropfen Leitungswasser.
Diese Verdünnung ist sehr groß, aber bei allergischen Reaktionen kommt es nicht auf die Konzentration an, denn schon geringste Mengen können die Beschwerden auslösen. Beim *Biozym SE* und *Biozym F* sollten Sie bedenken, daß Enzyme sowieso schon in kleinsten Mengen wirken. Deshalb sollte die Verdünnung noch größer sein. Wir empfehlen einen Tropfen auf 50 Tropfen Leitungswasser. Eine leichte Rötung muß in diesem Fall nicht unbedingt der Nachweis für eine allergische Reaktion sein. Es kann einfach auch damit zusammenhängen, daß selbst in so geringen Mengen das Enzym mit dem Eiweiß und dem Fett der Haut schwach reagiert. Bei starker Rötung können Sie aber davon ausgehen, daß die Enzyme durchaus zumindest an der Allergie beteiligt sind. Übrigens: Dann nutzt es auch nichts, auf ein normales Universalwaschmittel umzusteigen, denn diese beinhalten in der Regel ebenfalls eiweiß- und stärkeabbauende Enzyme. In diesem Fall schlagen

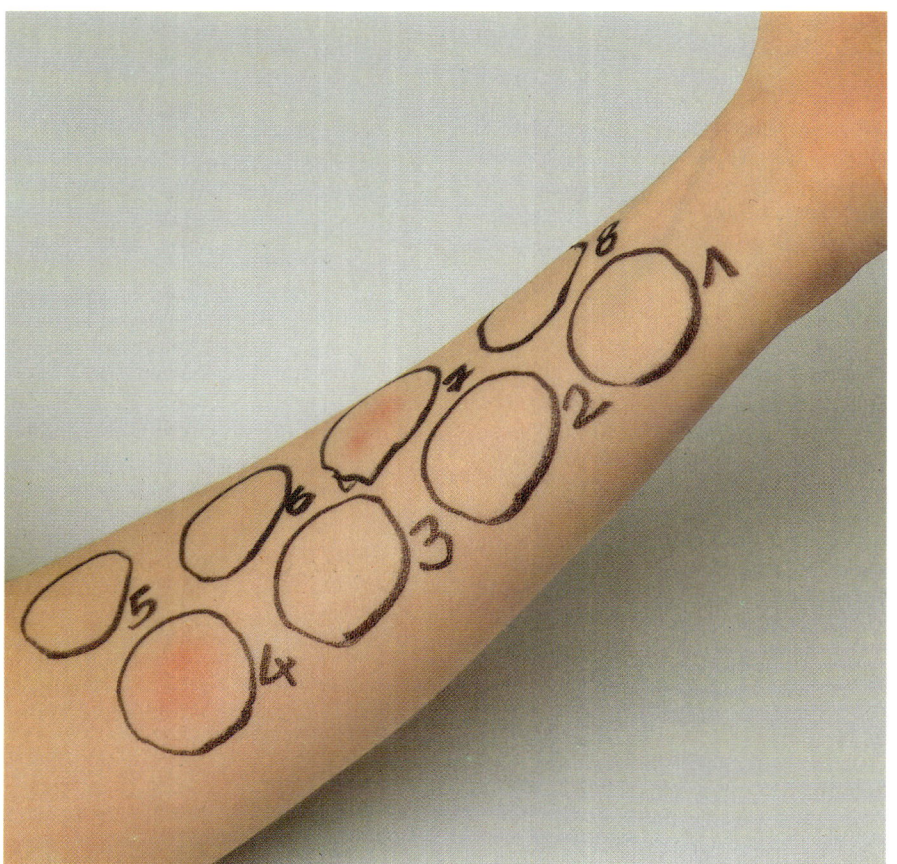

Abb. 32: Wenn Sie bei einem Allergie-Test mehrere Substanzen zugleich testen wollen, sollten Sie die Stellen entsprechend numerieren und sich die Substanzen mit derselben Nummer auf einem Zettel notieren.

wir vor, auf das Enzym völlig zu verzichten, und in den sauren Apfel zu beißen, mehr Energie für Ihre Wäsche aufwenden zu müssen, und zwar, indem Sie bei höherer Temperatur waschen. Aber es gibt auch das *Proweiß,* das ebenfalls bei der Reinigung sehr gut hilft, insbesondere bei hartnäckigen Verunreinigungen. Sollten Sie jeweils *Probunt, Prosyn* und *Softin* als Ursache erkannt haben, dann können Sie auch auf diese Komponenten verzichten. Es ist sicherlich etwas unbequemer, ohne sie zu waschen, aber es geht trotzdem. Allerdings haben wir bisher von keinem Fall gehört, daß jemand tatsächlich auf diese Stoffe allergisch reagierte. Wenn Sie eine allergische Reaktion bemerken sollten, lassen Sie das am besten von einem Allergologen bestätigen, und teilen Sie uns das bitte mit.

Schaum-Ex läßt sich durch Flüssigschmierseife, unsere Fluid-Seife HT ersetzen (vgl. *Seite 58*), und auf *Prohell* können Sie sowieso verzichten, sofern Ihre Wäsche nicht unbedingt dem Slogan entsprechen muß: Weiß, weißer geht's nicht.

Rezepte und Tafel

Wissenswertes vor dem Waschen

Die Rezepte, die wir Ihnen im folgenden geben, sind Anhaltspunkte. Sie sind mengenmäßig so ausgelegt, daß sie auf jeden Fall für eine Wäsche reichen. Je nach Verschmutzungsgrad und Wäschemenge können Sie unsere Angaben reduzieren, beispielsweise wenn Sie die Spartaste an Ihrer Maschine gedrückt haben. Verringern Sie die jeweiligen Zutaten im gleichen Verhältnis, d. h., wenn Sie in einem Rezept anstelle von 50 ml *Bawa* nur 30 ml nehmen, können Sie *Biozym* im gleichen Verhältnis reduzieren. Anstelle von 20 ml *Biozym* brauchen Sie nur noch 15 ml.

Aus Umweltgründen haben wir die Anzahl der einzelnen Zusatzkomponenten so gering wie möglich gehalten, was auch für den Schaumbremser gilt. Die Schaumentstehung hängt wesentlich von der Waschmaschine ab. Maschinen, die mit großen und dazu noch schnell laufenden Trommeln ausgestattet sind, sind dafür besonders anfällig. Das ist auch logisch, denn in denen wird die Lauge ja wesentlich stärker umgewälzt. Vergleichen kann man das mit dem Schlagen von Schlagsahne, bei der Milchfett zu Schaum erstarrt.

Mit unserem *Bawa* wird ein Zusatz von *Schaum-Ex* nur bei sehr weichem Wasser (Härtestufe 1) nötig. Geben Sie dann auf 250 ml *Bawa* 5–10 ml *Schaum-Ex*.

Hartes Wasser – weiche Wäsche?

Wir sprechen gern von *hartem* Wasser. Dabei trifft eine solche Bezeichnung nur für Eis, gefrorenes Wasser, zu. Denn hartes Wasser ist nicht *härter* als *weiches* Wasser, sondern *hartes* Wasser enthält gelöste Salze, die beim Erwärmen in Form fester Kristalle ausfallen und beispielsweise am Behälterboden eine feste Kruste bilden.

Je härter das Wasser ist, desto mehr Calcium- und Magnesium-Salze sind darin gelöst. Damit diese beim Erhitzen des Waschwassers über 60° C nicht auf den Heizstäben und auf der Wäsche Krusten bilden, kommen die Enthärter hinzu, die das Calcium auch bei höheren Temperaturen noch in Lösung halten.

Die *Wasserhärte* gibt die Menge an Calcium- und Magnesiumionen an, die in 1 Liter Wasser enthalten ist. Heute entsprechen 1° dH (deutscher Härte) 7,1 mg Calcium pro Liter Wasser.

Praktischer sind da schon die Härtebereiche, die sich heute immer mehr durchsetzen.

Härtestufe	deutsche Härte
Härtebereich 1	0– 7° dH
Härtebereich 2	7–14° dH
Härtebereich 3	14–21° dH
Härtebereich 4	über 21° dH

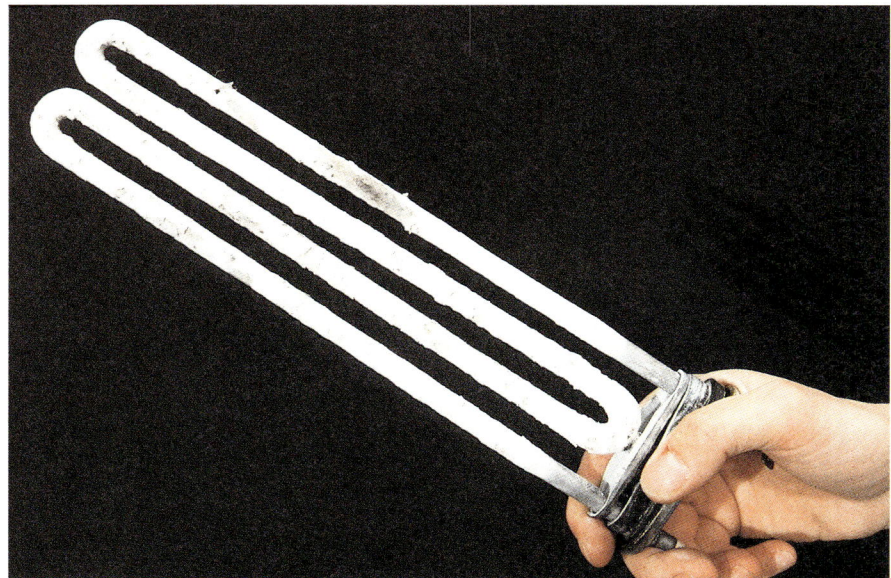

Abb. 33: Verkrustete Heizstäbe

In der Bundesrepublik verteilen sich die Härtestufen auf die Bevölkerung wie folgt:

	Härtestufe
14% haben weiches Wasser	1
33% haben mittelhartes Wasser	2
46% haben hartes Wasser	3
7% haben sehr hartes Wasser	4

Welche Wasserhärte das Wasser bei Ihnen hat, können Sie bei Ihrem zuständigen Wasserversorgungsunternehmen erfragen.

Ob die Wäsche nach dem Waschen weich wird, hängt wesentlich von dem Kalkgehalt des Wassers ab, ohne daß die auf dem Markt befindlichen Enthärter daran etwas ändern können. Kalkreste vom Spülwasser bleiben in der Wäsche und trocknen dort ein. Wer kalkfreie Wäsche haben will, müßte beim letzten Spülgang weiches Wasser nehmen oder *Kalweg*.

Auf jeden Fall sind Waschmaschinen mit hoher Schleudertourenzahl hilfreich. Denn eine hohe Schleuderleistung reduziert mögliche Kalkreste auf der Wäsche. Gerade die Naturfasern wie Baumwolle können durch das Bleichen eventuell chemisch verändert werden, wodurch sie noch zusätzlich Kalk auf chemische Weise binden können. Diese gebundenen Kalkmengen bekommen Sie mit dem *Kalweg* aus der Faser; die normalen Weichspüler schaffen das übrigens nicht.

Vorbehandlung der Wäsche mit *Biozym SE* und *Biozym F*

Durch die Vorbehandlung der Wäsche wird erreicht, daß der größte Teil der im normalen Haushalt anfallenden Wäsche bei 30 bis 40° C gewaschen werden kann, und nicht nur wie bisher Feinwäsche. Die Methode ist denkbar einfach und effektiv.

Wir empfehlen Ihnen, die Biozyme direkt nach der Fleckentstehung aufzutragen. Aber auch ein nachträgliches Aufstreichen bringt guten Erfolg, und der Fleck ist dann später mit dem Hauptwaschgang ohne Probleme wegzuwaschen. Hat der Schmutz den Stoff durchdrungen, tragen Sie das entsprechende Biozym von beiden Seiten auf. Die praktischen Sperderflaschen mit Schwämmchen erhalten Sie dort, wo Sie auch die Waschsubstanzen kaufen können.

Mit *Biozym SE* können Sie, eben weil Eiweiß und Stärke abgebaut werden, Flecken beseitigen, die von Soßen, Blut, Schweiß, Hautschuppen, Eigelb, Pudding, Milch, verpapptem Mehl usw. herrühren. Tragen Sie es einfach auf den Fleck auf, und lassen Sie es einwirken. *Biozym SE* wirkt nur so lange, wie es noch feucht ist. Nach dem Eintrocknen hört der Zersetzungsprozeß automatisch auf. Deshalb können Sie das Wäschestück einfach mit den bestrichenen Flecken in Ihren Wäschekorb für die schmutzige Wäsche hineinlegen. Bei der Behandlung von Wolle oder Seide sollten Sie etwas vorsichtiger sein, wie bereits auf *Seite 46* erwähnt. Wir empfehlen Ihnen bei Wolle

und Seide zunächst einmal zu versuchen, den Fleck in der normalen Wäsche oder auch mit einer Handwäsche herauszubekommen. Sollte das nicht klappen, dann probieren Sie das *Biozym SE* an einer Stelle des Kleidungsstücks aus, die man normalerweise nicht sieht. Lassen Sie das Biozym etwa eine halbe Stunde einwirken, und waschen Sie es aus. Wenn der Stoff nicht angegriffen wurde, könnten Sie es beruhigt mit dem Fleck selbst versuchen. Aber denken Sie daran, beim Hantieren mit Enzymen in jedem Fall Gummihandschuhe anzuziehen! Es ist zwar in einer sehr geringen Konzentration vorhanden, so daß die Gefahr nicht sehr groß ist. Übrigens ist dieses eiweißabbauende Enzym auch in Waschpulvern oder Flüssigwaschmitteln der Industrie enthalten, weshalb Sie beim Hantieren mit diesen Produkten die gleichen Vorsichtsmaßregeln ergreifen sollten.

Beim fettabbauenden *Biozym F* besteht keine Anwendungseinschränkung. Sie können es für alle Stoffe verwenden, also auch für Woll- und Seidenstoffe, die ja nicht so stark mechanisch und chemisch beansprucht werden dürfen. *Biozym F* wirkt besonders gut auf synthetischen Stoffen, weil diese eine gewisse Verwandtschaft mit den Fetten haben und Fett besonders gut an diesen Fasern haftet.

Biozym F ist eine absolute Novität und eignet sich besonders zur Entfernung von Öl oder festen Fetten wie Butter, Margarine usw. Selbst speckigen Hemdkragen, Lippenstift, Schuhcreme und Schmiere aller Art geht es an den Kragen. Auch hier tragen Sie *Biozym F* direkt auf den Stoff auf und lassen es mindestens einen halben Tag einwirken, bevor Sie die Textilien dann mit der übrigen leicht- bis mittelverschmutzten Wäsche in die Waschmaschine geben. *Biozym F* verträgt sich leider nicht gut mit *Biozym SE*. Deshalb bringt es nicht viel, bei Mischflecken aus Fett und Eiweiß oder Fett und Stärke beide gemeinsam aufzutragen. Sie sollten zunächst mit dem *Biozym SE* anfangen, es sechs bis zwölf Stunden einwirken lassen und anschließend auswaschen. Anschließend können Sie eine Behandlung mit *Biozym F* durchführen. Sie werden sich wundern, wie sauber Ihre Wäsche nach der Vorbehandlung mit Enzymen wird.

Enzyme sind im klassischen Sinne nicht giftig. Sollten sie durch Verwechslung in den Magen gelangen, lösen sie einen starken Brechreiz aus und werden sofort ausgeschieden. Trotzdem sollten Sie immer bedenken, daß Waschmittel – übrigens auch die klassischen Seifen – chemische Substanzen sind, die Sie vor Ihren Kindern wegschließen sollten. Auch die kindersichere Verschlußkappe bei den Enzymen ist keine Garantie gegen Unfälle.

Einweichen mit *Biozym SE*

Für Pfiffikusse unter Ihnen empfehlen wir noch eine weitere Alternative zur Wäschebehandlung. Versuchen Sie es doch mal wieder mit der guten alten Methode des Einweichens; aber keine Angst, wir katapultieren Sie nicht in die Zeit unserer Großeltern zurück. Äußerst bequem geschieht dies direkt in Ihrer Waschmaschine, Laugenwechsel oder umständliches Umfüllen der nassen Wäsche ist nicht erforderlich.

Der große Vorteil ist zunächst einmal, daß Sie den Enzym- und Tensidverbrauch etwa auf die Hälfte reduzieren können. Sie sparen also Geld und dienen außerdem der Umwelt. Der einzige Nachteil: Sie brauchen etwas mehr Geduld. Hier ist unser Vorschlag:

● Packen Sie die Wäsche wie üblich in die Trommel der Waschmaschine.
● Geben Sie 10 ml *Biozym SE* in das Waschmittelfach für die Hauptwäsche oder direkt ins Wasser, wenn die Maschine schon vollgelaufen ist, egal welche Wäsche Sie waschen wollen. Verglichen mit den Rezepten auf *Seite 61 ff.*, ist es genau die halbe Menge. Für *weiße Wäsche aus Naturfaser* brauchen Sie nur diese 10 ml *Biozym*.
Wenn Sie *weiße Wäsche aus Synthetik oder Mischfasern* behandeln wollen, benötigen Sie zusätzlich 10 ml *Prosyn*.
Wenn Sie *bunte oder gemischtfarbige Wäsche* vorliegen haben, kommen noch 10 ml *Probunt* zusätzlich hinein.
In Ausnahmefällen kann die Wäsche einen unangenehmen Geruch annehmen. Ursache dafür ist ein bakterielles, zersetzendes Enzym, das ja einen Eiweißkörper darstellt. In dem Fall empfehlen wir, entweder dem Waschmittel für die Hauptwäsche 10–20 Tropfen unseres Hautdeodorantmittels *Odex* zuzufügen oder dieses direkt unter die 10 ml *Biozym SE* zu rühren. Wichtig ist, daß es jeweils gut vermischt wird, denn nur so löst sich das *Odex* in der Lauge auf.
● Schalten Sie anschließend den Programmwähler auf den Hauptwasch-

gang (30° C) und lassen die Trommel kurz ein paar Mal umlaufen, damit die Waschzusätze sich gleichmäßig im Wasser verteilen (ca. 1 Minute lang).
● Danach schalten Sie wieder die Waschmaschine ganz ab und lassen alles über Nacht mindestens 12 Stunden ruhen. Die Enzyme verrichten nun in der Lauge ihre Arbeit für Sie.
● Für den eigentlichen Waschgang brauchen Sie natürlich noch Tenside, z. B. *Stawa* oder *Bawa*, davon allerdings nur etwa die Hälfte. Anstelle der in den Rezepten auf *Seite 62* angegebenen 50 ml *Bawa* kommen Sie garantiert mit 30 ml aus. Die Menge hängt natürlich auch vom Verschmutzungsgrad der Wäsche und von der Art der Waschmaschine ab. Da müssen Sie zunächst etwas probieren. Aber glauben Sie uns, es lohnt sich.
Dieser Waschgang erfolgt in derselben Lauge, in der Sie auch eingeweicht haben. Deshalb brauchen Sie jetzt kein zusätzliches *Biozym*, kein *Probunt* und auch kein *Prosyn* mehr. Das ist ja alles schon im Waschwasser enthalten.
Das Waschmittel für *leicht- bis mittelverschmutzte Wäsche* reduziert sich dann auf einen Zusatz von

10 ml *Softin*
30 bis 40 ml *Bawa*

Die Zusätze für *stark verschmutzte Wäsche* reduzieren sich ebenfalls auf

10 ml *Softin*
50 ml *Bawa*

Gegebenenfalls kommt noch das in den Rezepten angegebene *Prohell* mit hinein (vgl. *Seite 63 f.*).

Diese genannten Substanzen können Sie einfach in das Einweichwasser schütten, mit einer Ausnahme: dem Bleichmittel *Proweiß*. Das müssen Sie in diesem Fall ausnahmsweise – weil es ein Pulver ist – in das Waschmittelfach für die Hauptwäsche geben. Entweder Sie spülen es anschließend mit einem Liter Wasser in die Trommel, oder Sie lösen es kurz vorher in einem halben Liter Wasser auf und schütten es auf diese Weise hinein. Wichtig bei dieser Methode, daß Sie diese Lösung auf keinen Fall zu lange stehen lassen, weil der Sauerstoff sonst schon freigesetzt wird, ohne daß er sein Reinigungswerk an den Textilien verrichten kann.

Kalweg und gegebenenfalls *Parfüm* kommer – wie auf *Seite 58* ausführlich beschrieben – in das Waschmittelfach für den Weichspüler.

● Wenn Sie alles vorbereitet haben, dann stellen Sie den Programmwähler auf die gewünschte Waschtemperatur und schalten den Hauptwaschgang wieder ein. Aber Vorsicht: Achten Sie darauf, daß die Einweichlauge dabei nicht aus Versehen abgepumpt wird. Sonst müssen Sie erneut Waschmittel und Zusätze in die Waschmaschine geben. Anschließend lassen Sie die Maschine wie üblich für sich arbeiten.

Verlängerung der Waschzeit

Die folgende Methode kann die im vorigen Abschnitt beschriebene Einweichprozedur ersetzen. Aber sie ist nicht so preiswert.

In der Regel gehen die Waschmaschinenhersteller davon aus, daß in unserer schnellebigen Zeit die Menschen sich ungern Zeit nehmen. Deshalb haben sie die Waschmaschinen so konstruiert, daß sie möglichst schnell waschen. Nach dem Waschkreis (vgl. *Seite 27*) ist aber die Zeit ein wichtiger Waschfaktor, insbesondere wenn die umweltfreundlichen Enzyme im Waschmittel mitwirken. Um die kurze Zeit auszugleichen, braucht man in der Regel mehr Chemie, d. h. mehr Waschmittel. Andersherum gesagt: Würden wir uns mehr Zeit gönnen, könnten auch die konventionellen Waschmittel viel geringer dosiert werden.

W. Öllerer aus Hannover hat da einen Ausweg gewiesen, den wir ganz hervorragend finden. Durch ein elektronisches Vorschaltgerät verlängert er die Einwirkzeit der Lauge um etwa das Doppelte. Die Waschmaschine läuft wie gewohnt an und heizt auf die gewünschte Waschlaugentemperatur auf. Ist diese erreicht, schaltet das Gerät die Stromzuführung ab. Wahlweise kann die Waschmaschine von Hand oder, nach einer gewissen Zeit, automatisch wieder eingeschaltet werden. Das Waschmittel hat jetzt reichlich Zeit, einzuwirken. Das ist eine Art Einweichen im Hauptwaschgang.

„Einweichautomat" nennt sich das Gerät, das zum Patent angemeldet ist. Lei-

der ist es mit ca. 170,– DM verhältnismäßig teuer. Der Preis wird verständlich, wenn man bedenkt, daß dieser kleine Automat in Handarbeit hergestellt wird, weil die Stückzahlen noch sehr niedrig sind. In industrieller Fertigung könnte das Gerät erheblich preiswerter werden, und für die Umwelt wäre es ein Segen.

Mit diesem Einweichautomat können Sie nicht nur die Dosierung von konventionellen Waschmitteln erheblich senken, sondern auch mit weniger unseres Waschmittels auskommen, im besonderen reicht dann wie beim Voreinweichen die Hälfte *Biozym SE*.

Leicht- bis mittelverschmutzte Wäsche (Rezepte)

Die angegebenen Mengen gelten für 4,5 kg Trockenwäsche und eine volle Wasserfüllung in der Maschine. Wenn Sie wenig Wäsche haben oder den Sparwaschgang benutzen, können Sie die Substanzmengen entsprechend verringern.

Weiße Wäsche – Naturfaser

(Baumwolle, Leinen, Wolle, Seide, Viskose, Acetat)

```
40–50 ml Bawa
20 ml Biozym SE
```

Kurz vor dem Waschen geben Sie die Substanzen in den angegebenen Mengen in den Meßbecher. Danach kommt die Mischung in die Waschmaschine. Den Meßbecher können Sie mit wenig Wasser ausspülen und diesen Rest auch in das Waschmittelfach für den Hauptwaschgang geben. Mit Ausnahme von Biozym können Sie auch größere Mengen vormischen und entsprechend dosieren.
Wenn Sie weiches Wasser haben und daher das Waschmittel zu stark schäumt, geben Sie etwas *Schaum-Ex* in das *Bawa* (vgl. *Seite 55*).

Abb. 35: Die Substanzen werden vor dem Waschen zusammengeschüttet und verrührt. Dann werden sie in das Waschmittelfach für den Hauptwaschgang gegeben. Waschmittelparfüm kommt in das Fach für den Weichspüler.

Für angenehmen Wäscheduft empfehlen wir

```
1 ml bzw. 30 Tropfen
Waschmittelparfüm
```

Geben Sie das Parfüm in ein Glas mit ca. 10 ml Wasser, das dann in das Waschmaschinenfach für den Weichspüler geschüttet wird.

Weiße Wäsche – Synthetik und Mischgewebe

Es handelt sich um dasselbe Rezept wie oben, nur daß noch 10 ml *Prosyn* dazukommen.

```
40–50 ml Bawa
20 ml Biozym SE
10 ml Prosyn
```

Wenn Sie hier sparen wollen, können Sie bei Mischgewebe die Menge von Prosyn im gleichen Verhältnis reduzieren, wie es im Textiletikett angeben ist. Besteht das Gewebe zum Beispiel aus 60% Baumwolle und 40 % Synthetik, kommen Sie mit 4 ml Prosyn aus. Auch hier können Sie Ihre Wäsche mit

```
1 ml Waschparfüm in 10 ml Wasser
```

im letzten Spülgang versetzen.

Buntwäsche – Naturfasern

(Baumwolle, Leinen, Wolle, Seide, Viskose, Acetat)

Nehmen Sie

```
40–50 ml Bawa
20 ml Biozym SE
10 ml Probunt
```

und ins letzte Spülwasser

```
1 ml Waschparfüm in 10 ml Wasser
```

Buntwäsche – Synthetik und Mischgewebe

Nehmen Sie hier die gleiche Mischung wie beim vorigen Rezept. Geben Sie aber noch zusätzlich 10 ml *Prosyn* hinein.

```
40–50 ml Bawa
20 ml Biozym SE
10 ml Probunt
10 ml Prosyn
```

Und ins Weichspülerfach kommt nach Bedarf

```
1 ml Waschparfüm in 10 ml Wasser
```

Abb. 36: Diese Zutaten werden für leichtverschmutzte Buntwäsche aus Synthetik und Mischgewebe verwendet.

Stark verschmutzte Wäsche (Rezepte)

Vielleicht ist hier ein Einweichen mit *Biozym SE* (vgl. *Seite 63*) besonders angebracht. Generell brauchen Sie keinen Vorwaschgang. Schalten Sie die Waschmaschine also sofort auf Hauptwäsche. In der Regel kommen Sie mit Waschtemperaturen unter 50° C aus. Nur bei extrem verschmutzter Wäsche und wenn Sie bleichen wollen, müssen Sie noch auf 60° C aufheizen. Bei weichem Wasser geben Sie noch 5–10 ml *Schaum-Ex* pro 250 ml *Bawa* zusätzlich hinein.

Weiße Wäsche – Naturfaser

(Baumwolle, Leinen, Viskose, Acetat) Seide und Wolle sollten Sie bei Temperaturen über 40° C nicht mehr waschen, weil sonst Verfilzungsgefahr besteht. Hier gilt das gleiche wie bei der Wäsche mit normalen Universalwaschmitteln.

50–60 ml Bawa
20 ml Biozym SE
eventuell:
10 ml Prohell

Auch hier gilt: Sollte sich in der Waschmaschine zu viel Schaum gebildet haben, dann träufeln Sie in das Hauptwaschmittel noch Schaum-Ex hinein.

Abb. 37: Die 4 Substanzen brauchen Sie für normal verschmutzte Buntwäsche.

Wenn Sie Ihre weiße Wäsche aus Naturfaser besonders weiß haben wollen, können Sie auch bei uns auf unser modernes Bleichmittel zurückgreifen. Geben Sie es dann in das Waschpulverfach für die Hauptwäsche.

> 30–60 ml Proweiß

Zusätzlich empfehlen wir Ihnen, insbesondere wenn Sie Proweiß eingesetzt haben oder wenn es sich um Bügelwäsche handelt,

> 30 ml Kalweg
> 1 ml Waschparfüm

ins letzte Spülwasser hineinzugeben. Füllen Sie es am besten in das Waschmittelfach Ihrer Waschmaschine für den Weichspüler. Gleichzeitig können Sie noch 1 ml Waschparfüm direkt in diese Kalex-Lösung geben, wenn Sie Ihrer Wäsche einen charakteristischen Duft verleihen wollen.

Weiße Wäsche – Synthetik und Mischgewebe

Man nehme:

> 50–60 ml Bawa
> 20 ml Biozym SE
> 10 ml Prosyn

Bei Mischgewebe (Synthetik plus Naturfaser) können Sie je nach Naturfaseranteil entsprechend Prohell hinzugeben. So können Sie die Menge errechnen:

> 2,5 ml Prohell bei 25% Naturfaseranteil
> 5 ml Prohell bei 50% Naturfaser
> 7,5 ml Prohell bei 75% Naturfaser

Diese geringen Mengen messen Sie am besten mit unserem Standardmeßlöffel für 2,5 ml ab, den Sie günstig bei den Lieferanten der Rohprodukte erhalten. Wir haben diesen Meßlöffel zum Abmessen von Kosmetikprodukten eingeführt (vgl. Bezugsquellen im Anhang). Möglich ist auch eine Zugabe von Proweiß. Es kann zwar nicht die Synthetikfasern bleichen, dafür aber die Baumwollanteile. Auch hier jeweils das Mittel entsprechend dem Naturfaseranteil zugeben.

Zum Beispiel:

> 20 ml Proweiß bei 50% Baumwolle
> 30 ml Proweiß bei 75% Baumwolle

Auch hier empfiehlt sich die Zugabe von

> 30 ml Kalweg
> 1 ml Waschparfüm

ins Weichspülerfach, wenn Sie die Wäsche bügeln wollen.
Sonstige Hinweise entnehmen Sie bitte den *Packungsbeilagen der einzelnen Rohstoffe.*

Bunte Wäsche – Naturfaser
(Baumwolle, Leinen, Viskose, Acetat)

> 50–60 ml Bawa
> 20 ml Biozym SE
> 10 ml Probunt
> eventuell: 10 ml Prohell

Sofern Sie hohe Weißanteile in der Wäsche haben, können Sie zunächst 10 ml *Prohell* hinzufügen. Empfindliche Buntwäsche darf nicht gebleicht werden, allerdings sind moderne Farben weitgehend bleichstabil, so daß Sie durchaus hartnäckige Flecken von Obst, Kaffee, Tee, Tusche usw. auch in bunter Wäsche damit entfernen können. In diesem Fall geben Sie

> 40 ml Proweiß-Pulver

in das Hauptwaschfach, wie schon beim Waschen von stark verschmutzter weißer Naturfaser beschrieben. Auch hier sollten Sie gegebenenfalls noch

> 30 ml Kalweg
> 1 ml Waschmittelparfüm

in das Fach für den letzten Spülgang, also das Weichspülfach, einfüllen.

Abb. 38: Auch stark verschmutzte Buntwäsche wird nach unseren Rezepten wieder sauber.

Buntwäsche – Synthetik und Mischgewebe

```
50–60 ml Bawa
20 ml Biozym SE
10 ml Frosyn
10 ml Frobunt
eventuell:
5–10 ml Schaum-Ex
```

Prohell wird wieder entsprechend dem Naturfaseranteil zugegeben, also z. B.

```
2,5 ml Prohell bei 25% Naturfaser
7,5 ml Prohell bei 75% Naturfaser
```

Was *Proweiß* anbelangt, gilt dasselbe, was schon bei den Starkwaschmitteln für bunte Wäsche und Naturfaser gesagt wurde, nämlich, daß es nur bei hartnäckigen Flecken und unempfindlichen Geweben zugegeben wird.

Bei zu starkem Schäumen empfehlen wir Ihnen 5–10 ml *Schaum-Ex* in das Hauptwaschmittel zu träufeln. In den letzten Spülgang können Sie wieder

```
30 ml Kalweg
1 ml Waschparfüm
```

hineingeben.

Alle Rezepturen befinden sich noch einmal in Kurzform auf der herausnehmbaren Tafel, die Sie über Ihrer Waschmaschine als Gedankenstütze anbringen können.

Waschmittel für Wolle

Wolle hat große Ähnlichkeit mit unseren Haaren, deshalb können Sie im Prinzip ein Haarshampoo, allerdings ohne Rückfettungssubstanzen, verwenden. Das hat den Vorteil, daß es auch die Haut Ihrer Hände schont. Wir empfehlen daher einerseits unsere besonders milden Hautwaschtenside, das *Glycintensid* oder das *Betain*. Beides sind Waschsubstanzen, die in ihrer Wirkung den nichtionischen Tensiden sehr nahe kommen, zu denen beispielsweise unser Zuckertensid gehört. Es handelt sich jedoch um amphotere Tenside (vgl. dazu „Cremes und sanfte Seifen", *Seite 118 f.*).

Wolle wird besonders weich, wenn man dem Waschmittel eine geringe Menge eines kationischen Tensids hinzufügt. Zu diesen gehört unser schon in den Shampoo-Rezepten verwendetes *Haarquat.* Die Wirkung des *Haarquats* wird noch unterstützt durch ein paar Tropfen eines eiweißhaltigen Mittels namens *Nutrilan,* das die Wollfaser zusätzlich etwas glättet. Es muß nicht unbedingt im Rezept vorkommen, aber wenn Sie die Wolle besonders weich haben wollen, dann versuchen Sie es doch einmal mit diesem Mittel. Für empfindliche Seidenstoffe ist es übrigens auch hervorragend geeignet.

Da sich unsere Waschsubstanzen untereinander sehr gut vertragen, können Sie ruhig eine größere Menge vormischen. Die folgenden Rezepte gelten für ca. 0,5 l Fertigwaschmittel.

Wollwaschmittel für sehr empfindliche Wolle

(leicht- bis mittelverschmutzt, sehr hautschonend)

Nehmen Sie:

```
500 ml Stawa-Super
15 ml Haarquat
eventuell 5 ml Nutrilan
eventuell 10 ml Waschmittelparfüm
```

oder

```
375 ml Glycintensid
125 ml Wasser
15 ml Haarquat
eventuell 5 ml Nutrilan
eventuell 10 ml Waschmittelparfüm
```

Wollwaschmittel für empfindliche Wolle
(mittelverschmutzt)

```
500 ml Stawa-Super
15 ml Haarquat
eventuell 5 ml Nutrilan
eventuell 10 ml Waschmittelparfüm
```

Wollwaschmittel für robustere Wolle

(stark verschmutzt)

---
500 ml Stawa-Super
15 ml Haarquat
eventuell 10 ml Waschmittelparfüm

Dosierung

Von diesen Wollwaschmittelmischungen nehmen Sie dann pro Liter Waschwasser 5 bis 7,5 ml oder 2 bis 3 unserer Meßlöffel zu 2,5 ml. Bei einer Schüssel mit 5 l Wasserinhalt wären das dann ca. 25 bis 35 ml Wollwaschmittel. Wir empfehlen Ihnen etwa eine Laugentemperatur von 15 bis 40° C.
Zusatzinformation zur Konzentration der Waschmittellauge:
Für Handwäsche braucht man eine Lauge mit ca. 2% waschaktiver Substanz, für Maschinenwäsche nur etwa die Hälfte, also ca. 1%. Natürlich lohnt es sich auch hier, die Wolle bzw. die Seide über Nacht einzuweichen, dann läßt sie sich am nächsten Tag wesentlich leichter und mit weniger mechanischer Bewegung auswaschen. Auch hier gilt wieder unser Waschkreis (vgl. *Seite 27*). Dafür schonen Sie Ihre Wolltextilien um so mehr.

Handwaschmittel

Wenn Sie keine Waschmaschine zur Verfügung haben oder die Wäschemenge klein ist, können Sie Ihre Wäsche trotzdem sehr gut mit unserem Baukasten reinigen.

Einweichmittel

(nur mit Gummihandschuhen zu verwenden)

Nehmen Sie auf 5 l 30 bis 40° C warmen Wassers:

---
20 ml Bawa
5 ml Biozym SE
2,5 ml Prosyn bei Synthetik-Textil sowie bei Buntwäsche
2,5 ml Probunt

Decken Sie die Schüssel ab und lassen Sie die Wäsche mindestens über Nacht einweichen. Danach bewegen Sie sie leicht in der Schüssel und spülen sie danach gut aus. Aber vergessen Sie nicht, Gummihandschuhe anzuziehen. Wenn die Wäsche noch nicht sauber ist, empfehlen wir Ihnen, einen „Hauptwaschgang" nachzuschalten. Verwenden Sie dazu das Wollwaschmittel, und zwar das mit *Stawa-Super* und ohne Enzym. So können Sie jetzt eventuell auch mit der bloßen Hand waschen, ohne Gefahr zu laufen, daß Ihre Hände zu sehr strapaziert werden.

Jungbrunnen für lädierte Baumwolltextilien

Die Kur für Ihre Baumwollkleidung wird einfach in der Waschmaschine durchgeführt. Dazu packen Sie Ihre Baumwollsachen in die Waschmaschine und geben dazu:

```
40–80 ml Bawa
20 ml Biozym SE
2,5 ml (1 Meßlöffel) Cot' nueva
eventuell 5–10 ml Schaum-Ex
```

Dann lassen Sie das Waschprogramm ganz normal bei 40° C ablaufen.
Damit Sie keine Probleme mit der Wäsche bekommen, sollten Sie die Cot'-nueva-Kur nur bis zu fünfmal bei Ihren älteren Baumwollsachen anwenden. Es hat sich außerdem gezeigt, daß fünfmal mit wenig Cot' nueva waschen besser ist, als einmal mit viel Cot'nueva.

Bei dieser Kur gehen nebenbei viele festsitzende Flecken wie Tusche usw. auch noch weg. Nur bei alter, durchgescheuerter Wäsche müssen Sie aufpassen. Wenn der Hosenboden der alten Jeans oder die Ellenbogen Ihres Lieblingshemdes schon vor der Kur durchscheinen, sollten Sie auf diese Kur verzichten. Die abgewetzten Teile könnten nämlich verschwinden, weil die Fasern aufgelöst werden. Das ist auch der Grund, warum diese wirksame Methode bisher noch nicht in industriellen Waschmitteln eingesetzt wird.

Putztips für
den Haushalt

Fußbodenpflege

Mit *Stawa-Super* können Sie auch Ihren Fußboden aus Keramikplatten, Kunststoff, gut versiegeltem oder lackiertem Holz bzw. Parkett reinigen. Starke Flecken weichen Sie am besten mit unverdünntem *Stawa-Super* ein und wischen später mit lauwarmem Wasser darüber. Für Naturparkett, bei dem die Versiegelung schon gelitten hat, ebenso wie für Steinfußböden und Linoleum empfehlen wir, die Fluid-Seife, unsere Spezial-Flüssigseife, zu verwenden, die eine zusätzliche Rückfettungskomponente enthält.

Nehmen Sie dazu:

```
auf
1 Tasse (150 ml) Fluid-Seife
10 l lauwarmes Wasser
```

Bei hartem Wasser empfehlen wir zusätzlich noch

```
ca. 50 ml Stawa-Super
```

damit die Kalkseifenbildung nicht stört, die bei der Reaktion der Schmierseife mit den Härtebildnern des Wassers entsteht (vgl. *Seite 58*).

Spülmittel für Geschirrspülmaschinen

Wenn man sich nicht mit Rückständen von Kaffee, Tee und Obst auf dem Geschirr und mit umständlichem Scheuern abfinden will, so gibt es nur die Möglichkeit des Bleichens. Deshalb sind in allen gängigen, wirksamer Mitteln für Spülmaschinen Bleichmittel enthalten. Auch wir wollen nicht darauf verzichten, aber unser *Proweiß* können wir, wie auf *Seite 57* beschrieben, mit gutem Gewissen empfehlen.

Damit sich auch das Fett löst, ist selbstverständlich noch ein Tensid notwendig. Die benötigte Menge ist davon abhängig, wieviel Fett noch auf dem Geschirr haftet. Unsere Dosierungshinweise beziehen sich auf einen mittleren Verschmutzungsgrad; am besten probieren Sie die Dosierung selbst aus. Sie hängt auch vom Typ der Spülmaschine ab.

Da die Spülmaschine das Wasser besonders stark durcheinanderwirbelt, ist die Gefahr besonders groß, daß die Waschlauge sehr schäumt. Deshalb empfehlen wir eine Vermischung des Tensids mit *Schaum-Ex*. Wenn die Waschlauge zu stark schäumt, bleiben Flecken auf dem Geschirr. Sollte Ihnen das passieren, so lassen Sie einen Klarspülgang folgen und verringern Sie die Tensidmenge bzw. erhöhen Sie beim nächsten Mal die Schaum-Ex-Menge leicht. Die Flecken auf dem Geschirr können auch entstehen, wenn der in die Spülmaschine eingebaute Enthärter (Ionenaustauscher) nicht gut funktioniert, was leider häufig der Fall ist. Füllen Sie in diesem Fall zuerst das Enthärtersalz nach.

Als Tensid kommt sowohl *Gruwa* als auch *Stawa-Super* in Frage, gegebenenfalls auch eines der milden Hautpflegetenside, die wir im *Hobbythek-Buch* „Cremes und sanfte Seifen" beschrieben haben. Wer will, kann auch eine leichte Parfümierung vornehmen, z. B. mit einem ätherischen Öl oder einem Lebensmittelaroma wie Apfel, Zitrone, Orange, Orangenblüten, Vanille usw. Um nicht jedesmal die Einzelsubstanzen neu mischen zu müssen, empfehlen wir Ihnen, sich gleich einen Vorrat der Tensidvormischung anzulegen.

Dazu nehme man:

```
100 ml Tensid (Gruwa, Stawa-Super,
Betain oder Glycintensid)
10–25 ml Schaum-Ex
eventuell:
1–2 ml ätherisches Öl (s. oben)
```

Hier folgt nun die Dosierung für eine normale Spülmaschinenfüllung: Geben Sie in das Fach, das für die Aufnahme des herkömmlichen Geschirrspülmittels vorgesehen ist

```
20–30 ml Proweiß
2,5 ml (1 Meßlöffel) der oben
beschriebenen Tensidmischung
```

Sie brauchen die Komponenten nicht zu vermengen.

Als Klarspüler können Sie unser *Kalweg* verwenden. Geben Sie es in den für das Klarspülmittel vorgesehenen Behälter (meist im Deckel integriert). Die Dosierung nimmt die Geschirrspülmaschine ja selbst vor.

Auch hier können Sie

```
auf
10 ml Kalweg
ca. 10 Tropfen ätherisches Öl
```

zugeben.

Handspülmittel

Zum Spülen des Geschirrs von Hand empfehlen wir unsere hautmilden Tenside, wie Betain, Glycintensid und gegebenenfalls auch unsere Neutralseife HT. Ein bis zwei Spritzer der unverdünnten Tensidsubstanz im Spülwasser reichen aus. Falls Sie es mögen, geben Sie noch etwas ätherisches Öl zu. Wenn Sie wollen, können Sie auch eine Spur Rückfettungssubstanz für die Hände hinzufügen. Besonders geeignet ist das Fluidlecithin Cm.

> 100 ml Tensid (Betain, Glycintensid oder Neutralseife HT)
> eventuell:
> 1–2 ml Parfümöl
> (Zitrone, Orange, o. ä.)
> 5 ml Fluidlecithin Cm

Um aus Kaffee-, Tee- oder Thermoskannen Farbstoffflecken wegzubekommen, lösen Sie

> 1 Teelöffel Proweiß in
> 1 Tasse warmem Wasser

Spülen Sie damit die Kanne aus. Aber Vorsicht, der freiwerdende Sauerstoff bleicht nicht nur die Flecken, sondern kann auch die Haut angreifen. Deshalb sollten Sie auf jeden Fall mit Gummihandschuhen arbeiten.
Mit dieser Lösung können Sie auch das Spülbecken von hartnäckigen Flecken befreien. Diese schonende Methode ist dem mechanischen Abschrubben mit Stahlwolle o. ä. bestimmt vorzuziehen.

Kampf dem Kalk

Wer kennt nicht die ärgerlichen Kalkablagerungen in *Boilern, Tee-* und *Wasserkesseln* sowie auf Tauchsiedern etc. Bei Temperaturen von über 60–70 °C schlägt sich bei mittelhartem bis hartem Wasser Kalk an den heißen Stellen nieder. Das liegt daran, daß gelöste Calciumsalze, die für die Wasserhärte verantwortlich sind, bei diesen Temperaturen aus der Lösung ausfallen (vgl. *Seite 62*). So ist es kein Wunder, daß an den Heizstäben und am Kesselboden die Kalkschicht mehrere Millimeter stark werden kann, sofern sie nicht regelmäßig entfernt wird. Die Kalkschicht besitzt eine schlechte Wärmeleitung und wirkt dadurch isolierend. Der Wärmeübergang z. B. zwischen Heizstab und Wasser funktioniert nicht mehr optimal; die Heizstäbe können sich überhitzen und schneller durchbrennen. Kalk auf dem Kesselboden wirkt auch isolierend, so daß viel Wärmeenergie verlorengeht, die in den Raum und nicht an das Wasser abgegeben wird.
Durch Säuren läßt sich der größte Teil der Kalkkruste entfernen. Hier eignet sich die relativ milde Säure unseres *Kalweg*, das aus 50%iger Zitronensäure besteht. Sie ist in niedriger Konzentration völlig ungiftig.
Geben Sie also pro Liter Wasser 100 ml *Kalweg* zu und heizen es in dem zu reinigenden Gefäß auf. Achtung: Es kann aber stark schäumen, weshalb Sie die Kalweg-Lösung erst nach und nach in das Gefäß geben sollten. *Kalweg* läßt sich genauso handhaben wie jeder herkömmliche Kalkentferner. Lassen Sie die Lösung in dem Boiler, Kessel oder Gefäß eine Zeitlang einwirken und heizen Sie es eventuell von Zeit zu Zeit wieder auf. Während dieser Zeit wird der Kalk durch die Säure aufgelöst und wieder wasserlöslich gemacht. 100 g *Kalweg* können ca. 50 g Kalk entfernen; wenn Sie mehr Kalk vermuten, müssen Sie noch etwas *Kalweg* zugeben.
Kaffeemaschinen lassen sich ebenso gut entkalken. Geben Sie

> 4 Tassen Wasser und
> 50 ml Kalweg

in den Wasserbehälter. Stellen Sie dann den Automat an, bis das Wasser schäumend aus der Heißwasserdüse herausläuft. Vergessen Sie nicht, die Kaffee- oder Teekanne darunterzustellen. Dann die Maschine sofort abstellen und die Säure fünf Minuten einwirken lassen. Anschließend wieder einschalten und etwa zwei Tassen herauslaufen lassen. Erneut abstellen und noch einmal fünf Minuten warten. Jetzt das restliche Wasser mit Kalweg durchlaufen lassen. Danach können Sie die aufgefangene Brühe nochmals für einen Entkalkungsvorgang verwenden, um die restliche Säure auszunutzen.
Sollte Ihr Gerät weitgehend zugekalkt sein, empfiehlt es sich, den Vorgang mit frischem Wasser und Kalweg mehrmals zu wiederholen. Zum Schluß sollten Sie mit einer kompletten Wasserfüllung des Geräts nachspülen, damit keine Säure zurückbleibt.

Zum Entfernen von Kalkresten an *Ventilen* (Perlator), *Duschköpfen* und *Wasserhähnen* geben Sie in ein feuerfestes Becherglas oder ein Emailtöpfchen

½ Tasse heißes Wasser
50 ml Kalweg

Bringen Sie die Lösung zum Sieden und legen Sie anschließend die abgeschraubten Teile hinein. Lassen Sie die Säure etwa 5 bis 15 Minuten einwirken und spülen Sie dann mit klarem Wasser nach. Auf das Erhitzen können Sie ganz verzichten, wenn Sie die Säure über Nacht einwirken lassen.
Zur Beseitigung von Kalk auf fest installierten *Armaturen* und *Kacheln* eignet sich eine Mischung von Wasser und Kalweg im Verhältnis 1:1, beispielsweise

20 ml Kalweg
20 ml Wasser

Mit einem kleinen Lappen oder Schwamm können Sie die Lösung über die Flecken verteilen, bis sie beseitigt sind. Ziehen Sie sich dazu unbedingt Gummihandschuhe an, denn die Zitronensäure kann in dieser Konzentration für die Haut schon sehr unangenehm sein. Diese Behandlung ist auf jeden Fall wesentlich schonender für Ihre Kacheln, als ein Abschrubben mit Scheuerpulver, Scheuerschwamm oder gar Stahlwolle. Die scheinbar so harte Chrom- oder Lackschicht der Armaturen und Kacheln ist keineswegs unverwüstlich. Zum Schluß mit einem feuchten Tuch nachwischen.

Toilettenreiniger

Geben Sie bei Verfärbungen

1—2 Teelöffel Proweiß

in die Kloschüssel und verteilen Sie es mit der Klobürste. Danach einwirken lassen. Kalkränder in der Schüssel werden mit unverdünntem Kalweg entfernt. Es wird auf den Kalk geträufelt und sollte genügend lange einwirken.

Fenster- und Spiegelreinigung

Nehmen Sie:

750 ml Wasser (am besten entmineralisiertes, sonst 5—10 ml Kalweg zufügen)
250 ml Isopropylalkohol (Isopropanol) oder ca. 90%iges Ethanol (vergällter Weingeist)
1—2 Tropfen Stawa-Super
5 Tropfen Parfüm oder ätherisches Öl

Diese Mischung ist aufgrund des Alkoholgehalts schwach feuergefährlich. Geben Sie sie in eine Spritz- oder Sprühflasche (z. B. wie für Haarspray empfohlen) und besprühen Sie damit die Fenster- bzw. Spiegelflächen. Den Feuchtigkeitsfilm streifen Sie mit einem Gummiwischblatt oder einem Fensterleder ab und wischen mit einem trockenen nichtfasernden Baumwolltuch nach.
Wir werden dafür sorgen, daß Sie ein Fensterputzkonzentrat namens *Glas-fein-Konzentrat* in den Läden, die im Anhang des Buches genannt werden, erhalten können. Darin sind dann alle Substanzen außer dem Wasser enthalten. Sie brauchen das Konzentrat nur noch zu verdünnen:

250 ml Glasfein-Konzentrat
750 ml Wasser

Fleckenpulver

Proweiß läßt sich — mit wenig Wasser angerührt — zu einer hochwirksamen Fleckenpaste verarbeiten. Es eignet sich für hartnäckige Verschmutzungen in der Wäsche oder auf weißen Kunststoffmöbel-Beschichtungen. Wegen der starken Wirkung der Fleckenpaste muß ein Vortest an einer nicht sichtbaren Stelle vorgenommen werden. Unbedingt Gummihandschuhe tragen! Nach der Einwirkung mit einem feuchten Lappen oder unter fließendem Wasser abwaschen. (Auch dabei die Handschuhe nicht vergessen.)
Auch schwarze Schimmelflecken in Kachelfugen oder auf Rauhfasertapeten lassen sich so bekämpfen.

Sommerzeit — Insektenzeit: Reinigung von Windschutzscheibe, Scheinwerfern und Kühlerhaube

Wer hat sich nach langen Autofahrten nicht schon über die hartnäckigen Insektenleichen geärgert, die sich partout nicht mehr von den betroffenen Flächen lösen lassen. Da bietet sich das *Biozym SE* an, weil der „Klebstoff" vor allem aus dem Eiweiß der Mücken und Fliegen besteht. Das eiweißabbauende Enzym (E) bewirkt, daß die Fliegen ohne Schmirgeln und Schrubben entfernt werden können.

Streichen Sie die Insektenreste mit dem Schwämmchen der Biozym-SE-Spenderflasche ein (vgl. *Seite 46*) und lassen Sie die Lösung 10–30 Minuten einwirken. Waschen Sie die Reste mit klarem Wasser ab. Auch hier müssen Sie Gummihandschuhe tragen!

Sie können Ihr Auto zum Abspülen statt dessen auch in die Waschstraße fahren.

Neutralseife HT

In letzter Zeit scheint ein Produkt immer beliebter zu werden, das als „Neutralseife" bezeichnet wird. Dieser Begriff birgt einen Widerspruch in sich: Seife kann eigentlich nur alkalisch sein, mit einem pH-Wert über 9, neutral aber bedeutet pH-Wert 7.

Der Begriff ist also eigentlich Augenwischerei, von Firmen erdacht, die sich gerne das Etikett „grün" anhängen. Da aber Seife keineswegs ökologisch günstiger ist als gut konzipierte Tenside, greifen wir den offenbar eingeführten Begriff auf und stellen Ihnen ein eigenes, garantiert umweltakzeptables Konzept vor. Wenn Sie der Begriff Neutralseife stört, dann nennen Sie es doch ganz einfach Neutralreiniger. Er besitzt, wenn Sie unser Rezept realisieren, einen pH-Wert von ca. 7, d. h., die Substanz ist tatsächlich neutral,

jedenfalls hautfreundlicher als alkalische Seifen.

Sie können *Neutralseife HT* zum Reinigen von Kunststoff oder von lackierten Flächen verwenden. Auch für Holz- und Metallflächen, Kacheln und Gegenstände aus Keramik oder Stein bzw. Marmor eignet sie sich, ebenso wie für die leichte Textilwäsche und zum Geschirrspülen. Kurzum: *Neutralseife HT* ist ein äußerst milder Universalreiniger. Hier das Rezept:

Nehmen Sie

```
5 g Stawa-Super
15 g Zetesol HT
evtl. 5 g Kosmetisches Haarwasser
(96 % Alkohol)
3–4 g Kochsalz
75 g warmes Leitungswasser
```

Das Zetesol ist ein relativ mildes anionisches Hauttensid aus unserem Kosmetik-Repertoire. Kosmetisches Haarwasser, bzw. Alkohol, macht die Substanz ein Jahr haltbar, ohne Alkohol müssen Sie sie innerhalb von einem Monat verbrauchen. Geben Sie alle Substanzen bis auf das Salz in warmes Wasser und rühren Sie um. Anschließend lösen Sie dann langsam nach und nach das Salz auf. Sie werden feststellen, daß die Lösung zunehmend dickflüssiger wird. Wenn die Viskosität reicht, mit dem Salzen aufhören.

Scheuermilch für hartnäckige Zwecke

```
50 g Scheuerpulver HT
2 g Natron
(Natriumhydrogencarbonat)
10 g Stawa-Super
35 g Wasser
1 Meßlöffel Xanthan
```

Lösen Sie zunächst Natron und anschließend das *Stawa-Super* in warmem Leitungswasser auf. Dann vermischen Sie Xanthan mit dem Scheuerpulver möglichst gleichmäßig und rühren diese Mischung in die Flüssigkeit ein. Xanthan ist ein Verdickungsmittel, das wir auch für unsere Kosmetikprodukte verwenden.

Bei dem *Scheuerpulver HT* handelt es sich um feinstgemahlenes Marmormehl. Sein Korn ist so fein, daß Sie damit beim Reinigen auf keinen Fall glatte Flächen zerkratzen.

Luffa: Das pflanzliche „Putzmunter"

Die Engländer sollen die ersten Europäer gewesen sein, die sich der phantastischen Eigenschaften der Luffa-Pflanze bewußt waren. Als einer englischen Schriftstellerin im 19. Jahrhundert anläßlich einer Forschungsreise erlaubt wurde, einen Harem zu besuchen, wunderte sie sich, so jedenfalls die Überlieferung, über die Zartheit und Weichheit der Haut der Haremsdamen. Und sie fand die Lösung des Geheimnisses: Bei der ausgedehnten Morgentoilette der Damen, die sie sich auch gegenseitig zugute kommen ließen, benutzten diese einen eigenartigen Gegenstand. Sie verwendeten ihn trocken zur Massage und im nassen Zustand als milden Schwamm. Nachforschungen ergaben, daß es sich dabei um ein Produkt der ägyptischen Ackerscholle handelte, eine Kürbispflanze, die in den tropischen Ländern weit verbreitet ist und in verschiedenen Variationen vorkommt. Die Luffa-Art, die uns interessiert, hat den botanischen Namen *Luffa acutangula*. Sie gleicht im frischen Zustand von der Form her einer überdimensionalen Schlangengurke.

Im Gegensatz zum Kürbis, der im Innern hauptsächlich Feuchtigkeit sam-

Abb. 40: Das getrocknete Luffagewebe eignet sich hervorragend zur Verarbeitung zu Massagebürsten, -handschuhen u. ä.

Abb. 39: Die Luffafrucht gleicht einer überdimensionalen Schlangengurke.

melt, um den Samenkörnern größere Vermehrungschancen zu geben, gibt es bei der Luffa eine Besonderheit: Die Zellwände bestehen bei ihr aus fester Zellulose. Nach der Ernte wird die Luffa einem Fermentationsprozeß, d. h. einer Art gezielter Fäulnis unterworfen. Die Flüssigkeit läuft aus bzw. verdunstet, und die Weichteile werden zersetzt. Nach dem endgültigen Trocknen bleibt ein schwammartiges, festes Gewebe zurück, das zu vielerlei Zwecken verwendet werden kann, zunächst einmal, wie in Ägypten, zur Körperpflege. In unserem High-Tech-Zeitalter sind die Kenntnisse über solche natürlichen Produkte weitgehend in Vergessenheit geraten. Wir von der Hobbythek sind dieser Sache jedoch nachgegangen und haben herausgefunden, daß sich diese Pflanze tatsächlich hervorragend

Abb. 41: Auch in der Küche sind Luffaschwämme sehr zu empfehlen.

Abb. 42: Luffaanbau in Südostasien.

zur Körperpflege eignet, und zwar als natürliche, ideale Massagebürste, aufgeklebt auf einen Textilhandschuh oder einem Band, mit dem man sich selbst den Rücken massieren kann. Dabei wird die Durchblutung gefördert und gleichzeitig die Haut geschont. Besser als jede Stielbürste ist das Luffa-Gewebe auch in der Badewanne geeignet. Im Wasser weicht es zwar etwas auf, hat aber immer noch genügend Festigkeit, um sowohl die notwendige Reinigung zu bewerkstelligen, als auch die Haut angenehm anzuregen. Gleiches gilt für den Luffa-Waschlappen.

Luffa macht sich aber auch bei der Reinigung in Küche, Bad oder Wohnung oder sogar beim Spülen und der Autopflege nützlich. Es ist nämlich durchaus in der Lage, den synthetischen Hartschwamm oder sogar feinste Stahlwolle zu ersetzen, als Topf- und Pfannenreiniger zum Säubern von Kacheln, Waschbecken und Badewannen oder um lack- und glasschonend Insekten vom Auto zu entfernen.

Luffa wird heute weitgehend in Südostasien und Fernost unter horizontalen Holzgerüsten, die in Abständen von 1,80 m von unten gestützt werden, angebaut. Es eignen sich dafür auch ehemalige Reisfelder, die durch einen Fruchtwechsel mit der Luffa-Pflanze wieder etwas von ihrer häufig überstarken Nitratbelastung durch Überdüngung verlieren. Luffa gedeiht dann auch ohne zusätzlichen Dünger. In Ländern, die sich in der wirtschaftlichen Entwicklung befinden wie den Philippinen, Malaysia oder China etc., aber auch in Schwellenländern wie Taiwan oder Südkorea gibt diese Pflanze den Bauern die Möglichkeit, auch ohne zu extensive Landwirtschaft Erträge zu erwirtschaften, die über das Lebensminimum hinausgehen. Auch dies spricht für das Produkt Luffa.

Heinzelmännchen aus der Orangenschale (von Jean Pütz)

Orangen oder ganz generell Zitrusfrüchte haben von der Natur wohl die beste Verpackung mitbekommen, die man sich denken kann. Weder Vögel noch Insekten, Pilze oder Bakterien können der unbeschädigten Fruchtschale etwas anhaben. Die Zitrusgewächse schützen ihre Früchte durch eine in der Schale enthaltene Komposition von ätherischen Ölen, wobei insbesondere die sogenannten Orangen- bzw. Zitrusterpene eine gute desinfizierende Wirkung haben. Daher haben Bakterien und Pilze auf der Schale keine Chance, aber auch Insekten meiden es, an der Schale zu knabbern. Sie werden sogar eher von ihr vertrieben, weil die Terpene ein leichtes Insektengift darstellen.

Vögel und sonstige Tiere werden eher von den Bitterstoffen abgeschreckt. Nur der Mensch macht sich den Inhalt der Früchte nützlich, und er verwertet auch die Schale, indem er daraus das ätherische Öl gewinnt, und zwar einerseits durch Kaltpressung, andererseits durch Destillation. Das kaltgepreßte Öl wird, weil es sehr angenehm duftet, in der Parfümindustrie eingesetzt, aber auch als Aromastoff in Bonbons, Speiseeis, Desserts usw.

Orangenöl: Ein Tausendsassa

Vielleicht fragen Sie sich, was diese vorherigen Bemerkungen in einem Buch über Waschen, Reinigen und Putzen zu suchen haben. Nun, das Orangenöl ist ein wahrer Tausendsassa. Zunächst einmal können wir in diesem Reinigungsbereich die desodorierende Wirkung, d. h. die geruchstilgende Eigenschaft, außerordentlich gut nutzen.

Als im Sommer 1983 im Hamburger Hafen bei einem Großbrand riesige Mengen von Speisefett, insbesondere von Butter, auf die Straße ausliefen, verbreitete sich recht bald ein ranziger und fauler Geruch im weiten Umkreis. So angenehm frische Butter riecht, so scheußlich stinkt die darin enthaltene Buttersäure in höherer Konzentration. Einen Eindruck davon bekommt man, wenn man an ranziger Butter riecht.

Die Hamburger Hafenbehörden lösten das Problem mit einem Orangenöl-Präparat und schlugen dabei zwei Fliegen mit einer Klappe: Nicht nur der Gestank wurde beseitigt, sondern auch die Reinigung erheblich erleichtert, denn Orangenöl ist gleichzeitig eins der besten Fettlösemittel, die es gibt – besser als Benzol, Benzin oder sonstige harte chemische Lösungsmittel. Im Gegensatz zu der meisten dieser Substanzen darf Orangenöl in Verdünnung sogar in Grenzen ins Abwasser gelangen.

Die geruchszerstörende Wirkung von Orangenöl wird auch in überbelasteten Kläranlagen genutzt. Das Übersprühen oder Einträufeln von Orangenöl unmittelbar in das Abwasser hat besonders an heißen Sommertagen eine erhebliche Geruchsreduktion zur Folge, verbunden mit einer geringen Keimreduktion an der Oberfläche. Die Ursache für diese Wirkungen schreiben die Wissenschaftler der Fähigkeit des Orangenterpens zu, Sauerstoff freizusetzen. Dadurch wird es zu einem natürlichen Oxidationsmittel, in etwa vergleichbar mit unserem *Proweiß,* nur daß das Orangenöl durch anschließende Belüftung, die in jeder Kläranlage stattfindet, wieder vollständig eliminiert werden kann. Aber selbst wenn dies nicht erfolgt, bringt das Orangenöl keine ökologischen Probleme, denn keimtötend wirkt es nur bis zu einer Konzentration von 1 : 10 000. Darüber hinaus wird es selbst schnellstens zersetzt.

Im Hafen von Antwerpen ist Orangenöl übrigens das einzige behördlich zugelassene Mittel zur Entfernung von hartnäckig haftendem und stinkendem Ölruß, der bei Verpuffungsreaktionen in Raffinerien entsteht. Hervorragende Ergebnisse wurden damit generell bei Brandschadensanierungen erzielt. Aber damit ist die Referenzliste von unserem Orangenöl keineswegs zu Ende. Sogar die amerikanische Army hat es für sich entdeckt. Noch bis in die 80er Jahre hinein war das gängigste Reinigungsmittel im amerikanischen Haushalt und Sanitärbereich ein sogenanntes Pine-Öl. Dieses Pine-Öl wird aus Nadelhölzern extrahiert. Es war schon immer für seine desinfizierende Wirkung bekannt. Viele Produkte der amerikanischen Reinigungsindustrie bestanden im Grunde genommen nur aus wäßrigen Emulsionen dieses Pine-Öls, besonders im Sanitärbereich war es überall anzutreffen. Man nannte diese Produktgruppe deshalb die „Sanitizer".

Kein Wunder, daß es auch in allen US-Kasernen jahrzehntelang nach Pine-Öl roch. Von europäischen Nasen wurde dieser Geruch allerdings nicht unbedingt als angenehm empfunden. Vor 10 Jahren gelang es einem deutschen Wissenschaftler, das US-Army-Institut in Boston davon zu überzeugen, daß das Orangenöl in der desinfizierenden Wirkung dem Pine-Öl in nichts nachsteht. Seitdem wird das Mittel auch in der Army in Küchen-, Sanitär- und Umkleideräumen eingesetzt, und anstelle des penetranten Pine-Öl-Geruchs verbreitet sich nun dort ein angenehmer Geruch nach Orangen. Aber nach so viel Vergangenheit wollen wir uns jetzt der Gegenwart widmen.

Orangen-Odex HT als Geruchsfresser

Wenn Sie Ihr stilles Örtchen oder andere Räume, z. B. Ihre Küche, entduften wollen, dann stellen Sie einen etwa eierbechergroßen Behälter, gefüllt mit Silica-Kugeln, auf das Fensterbrett und beträufeln diese alle 5 bis 6 Tage mit ein paar Tropfen Orangenöl. Wir haben diesem Orangenöl den Namen *Orangen-Odex HT* gegeben. Odex heißt soviel wie „Geruch weg" und HT ist unsere Qualitätsgarantie-Bezeichnung von „Hobby" und „Thek". *Orangen-Odex HT* besteht aus einer Mischung von kalt aus Orangenschalen gepreßtem ätherischem Orangenöl und durch Destillation gewonnenem Orangenöl. Das Mischungsverhältnis beträgt 1 : 1. Nur kaltgepreßtes zu verwenden, hätte den Nachteil einer etwas zu starken Gelbfärbung, was auf hellem Untergrund Flecken hinterlassen könnte.

Bei unserer Mischung besteht dafür aber keine Gefahr.

Die Silica-Kugeln sind aus purem Silicumoxid gepreßt. Das ist eine Art amorpher Quarz. Die Kügelchen sind chemisch und hitzemäßig ungewöhnlich stabil. Sie haben in etwa Hirsekorngröße und lassen sich daher sehr gut in alle möglichen Gefäße einfüllen, auch in dekorative Behälter. In sich sind diese Kügelchen außerordentlich porös, was sich dadurch dokumentiert, daß 1 g Substanz von den Poren her eine Oberfläche von über 300 m^2 ausmacht, d. h. da kommt eine Fläche von 17 x 17 Metern zustande, und das für ein Gewicht von 1 g. Kein Wunder, daß sich darin auch Duftstoffe hervorragend speichern lassen. So wird das Orangenöl nach und nach freigesetzt, verbreitet angenehmen Duft und zerstört unangenehmen Geruch.

Unser *Orangen-Odex HT* können Sie auch unmittelbar zur langfristigen Geruchsabschwächung und zur Reinigung der Toilette verwenden, verbunden ist dies mit einer gewissen Keimreduktion. Wir empfehlen, mit *Orangen-Odex HT* getränkte Silica-Kügelchen in ein kleines Leinen- oder Baumwollsäckchen zu füllen. Geben Sie etwa 10 ml oder 5 g Silica-Kügelchen in ein kleines Gläschen und träufeln Sie 2 ml oder 60 Tropfen *Orangen-Odex* darauf. Vermischen Sie beide Komponenten gut miteinander. Einige Silica-Kügelchen werden fast transparent, wenn sie sich mit dem Öl füllen. Ver-

wenden Sie möglichst keinen Behälter aus Kunststoff, denn manche Kunststoffarten können von Orangenöl angegriffen werden, nicht jedoch die Zellulose der Baumwolle oder des Leinens. Verschließen Sie das Säckchen mit einem Faden und hängen Sie es an diesem in den Wasserspülbehälter der Toilette. Diese Füllung hält ca. 2–3 Wochen.

Danach nehmen Sie ihn wieder heraus, lassen ihn einen Tag trocknen und träufeln erneut ätherisches Öl darauf.

Toiletten- und Badreiniger

Das ätherische Orangenöl kann hervorragend zur Reinigung von Toiletten, Waschbecken, Badewannen, Kacheln und vielem anderen verwandt werden. Es wirkt nicht nur desodorierend und mild desinfizierend, sondern hat auch ein außerordentlich hohes Reinigungsvermögen. Dafür empfehlen wir ein Mittel, dem wir den Namen *Oranex* gegeben haben. Wie Sie im folgenden noch sehen werden, handelt es sich hierbei um ein fast ideales und universales Reinigungs- und Lösungsmittel. Es besteht zunächst einmal aus 70% Orangenterpenöl, hinzu kommen 15% Waschalkohol und 10% eines Emulgators, der aus Rizinusöl gewonnen wird und der hervorragende Abbaueigenschaften besitzt.

Das eigentliche Reinigungsmittel können Sie ganz einfach herstellen. Es wird im Verhältnis 1 : 100 zusammengemischt. Das ist kinderleicht. Nehmen Sie

---

2 Meßl. (2,5 ml) Oranex auf 500 ml entmineralisiertes Wasser.

Am besten füllen Sie es in eine Pumpsprayflasche (z. B. eine Blumensprayflasche) ab und sprühen die zu säubernden Flächen dünn ein. Anschließend wischen Sie mit einem feuchten Lappen darüber. Sie können das verdünnte Mittel aber auch direkt auf den Lappen geben. Probieren Sie es aus, Sie werden sich wundern, wie außergewöhnlich effektiv dieses Mittel wirkt, sowohl was die Geruchsbeseitigung anbelangt als auch die Reinigung.

Oranex HT – der Alleskönner im Haushalt

Verdünnungen von 1 : 10 bis 1 : 500 lösen fast alle Flecken im Haushalt, wie Krusten, Ölflecken, Teer und sonstige hartnäckige Verschmutzungen. Selbst Kaugummi, der bisher bekanntermaßen jeglichen Reinigungsversuchen widerstand, kann mit *Oranex* abgelöst werden, und zwar erfreulicherweise sowohl von Textilgewebe als auch von Holz, Kunststoff, Keramik und Glas. Bei lackierten Oberflächen sollte die Verdünnung allerdings mindestens 1 : 50 betragen, denn Lacke und Ölfarben können bei hohen Konzentrationen angegriffen werden. Selbst Autos von Kettenrauchern sind nach einer gründlichen Innenraumreinigung mit 1 : 50 bis 1 : 100 verdünntem *Oranex* als Nichtraucher-Autos zu verkaufen.

Die Methode ist stets gleich: Entweder *Oranex* ins Putzwasser geben oder den Flecken mit der Verdünnung beträufeln und anschließend mit Wasser nachwaschen. Die nötigen Verdünnungen können Sie folgender Tabelle entnehmen.

Verdünnung	Oranexmenge*	Wassermenge
1 : 10	10 ml = 4 ML	100 ml
1 : 50	5 ml = 2 ML	250 ml = ¼ Liter
1 : 100	25 ml = 1 ML	500 ml = ½ Liter
1 : 100	10 Tropfen	30 ml
1 : 200	2,5 ml = 1 ML	1000 ml = 1 Liter
1 : 500	7,5 ml = 3 ML	7,5 Liter = 1 Eimer

* 1 ML = 1 standardisierter Meßlöffel der Hobbythek à 2,5 ml.

Bei der Reinigung empfiehlt es sich, zunächst mit hoher Verdünnung zu beginnen. Sollte der Reinigungseffekt nicht ausreichen, kann die Dosierung einfach durch weitere Zugabe von Oranex erhöht werden. Bei hohen Verdünnungen ab 1 : 200 können Sie notfalls sogar mit bloßen Händen arbeiten, ansonsten empfehlen wir Gummihandschuhe denn Oranex wirkt entfettend, so daß die Hände rauh werden können. Die entfettende und lösende Wirkung kann man allerdings auch ausnutzen, um Teer, Ölflecken oder Farbreste von Händen oder Hautflächen zu entfernen. Dies ist wesentlich hautfreundlicher als sonstige Lösungsmittel, insbesondere als Benzin, auch Waschbenzin, Terpentinersatz usw. Einfach Oranex auf einen Lappen geben, die Haut damit abwischen und anschließend mit klarem Wasser und Seife abspülen.

Menschen, die krankheitsbedingt oder aus anderen Umständen einen Nachttopf benötigen, sollten etliche Tropfen Oranex in das Gefäß geben, und schon sind die Geruchsprobleme erheblich verringert. Oranex macht sich auch bei chemischen Camping- oder Schiffstoiletten äußerst nützlich. Auch hier 10 bis 20 ml Oranex pur in die Spülflüssigkeit geben.

Oranex löst auch Wachse und Harze. Solche Flecken, die häufig auf Tischtüchern, z. B. durch überlaufende Kerzen, oder durch Schuhcreme an der Kleidung entstehen, sind bisher das Kreuz so mancher Hausfrau oder manchen Hausmannes gewesen. Jetzt gibt es zumindest eine Chance: Oranex pur auf die Flecken geben, einreiben, einwirken lassen und anschließend gründlich auswaschen.

Auch zur Chromreinigung, z. B. bei der Auto- und Motorpflege, können Sie Oranex einsetzen, und sogar Lederpflege ist damit möglich, allerdings Vorsicht: Wenn das Leder nicht farbbeständig und durchgefärbt ist, kann sich die Farbe lösen. Machen Sie also vorher eine Probe.

Oranex zur Teppich- und Polsterpflege

Teppiche und Polstermöbel können Sie sehr gut mit Oranex reinigen. Sie werden verblüfft sein: Selbst hartnäckige Flecken lösen sich, allerdings müssen die Teppiche und Polsterstoffe unbedingt farbecht sein. Auch hier ist eine Probe angebracht. Während gewerbliche Reiniger hierfür eine maschinelle Ausrüstung benötigen, genügt im Haushalt eine Sprühflasche, wie sie z. B. im Pflanzenpflegebereich eingesetzt wird.

Verdünnen Sie Oranex im Verhältnis 1 : 100 und besprühen Sie damit den Teppich oder den Polsterstoff gleichmäßig, so daß sich die Oberfläche leicht feucht anfühlt. Anschließend reiben Sie Teppich oder Stoff mit Frotteehandtüchern gründlich ab. Die Handtücher lassen sich später ohne Mühe in der Waschmaschine wieder reinigen.

Da beim Reinigen und nachher beim Trocknen durchaus größere Mengen an ätherischen Ölen frei werden können, empfiehlt es sich, bei der Arbeit und danach mindestens ein Fenster zu öffnen. Orangenöl ist zwar nicht giftig, bei zu hoher Raumluftkonzentration kann es bei empfindlichen Personen allerdings die Schleimhaut leicht reizen. Aber in jedem Fall ist die Geruchsbelästigung weitaus geringer als bei chemischen Mitteln oder Terpentin, Waschbenzin usw. Sollten Sie allergisch auf Orangenschalen reagieren, dann empfehlen wir Ihnen, vorsichtig mit dem Mittel umzugehen. Berichte über allergisierende Wirkungen liegen uns allerdings derzeit nicht vor.

Register

Bezugsquellen

* Fa. SPINNRAD-ZENTRALE, 4650 Gelsenkirchen, Am Luftschacht 3 a, Tel. 02 09/1 70 00 11, Tx. 824726 natur d, Fax 02 09/1 70 00-40. SPINN-RAD-AUSLIEFERUNGSLÄDEN: 1000 Berlin 33, Uhlandstraße 43/44, Tel. 0 30/8 81 48 48; 1000 Berlin 41, Rheinstr. 10, Tel. 0 30/8 59 20 72; 2000 Hamburg 13, Grindelallee 42, Tel. 0 40/4 10 60 96; 2394 Satrup, Glücksburger Straße 11, Tel. 0 46 33/10 21; 2800 Bremen, Ostertorsteinweg 90, Tel. 04 21/70 52 68; 2900 Oldenburg, Gaststr. 26, Tel. 04 41/2 54 93; 3000 Hannover, Steintorstr. 9, Tel. 05 11/32 90 93; 3008 Garbsen, Havelser Str. 10 (REALKAUF), Tel. 0 51 31/9 57 59; 3070 Nienburg, Weserstr. 17, Tel. 0 50 21/1 28 25; 3300 Braunschweig, Vor der Burg 8, Tel. 05 31/4 20 32; 3400 Göttingen, Gronerstr. 1, Tel. 05 51/4 47 00; 3500 Kassel, Hedwigstr./Karstadthaus, Tel. 05 61/7 89 54 15; 3530 Warburg, Hauptstr 46, Tel. 05 46 41/6 04 67; 4000 Düsseldorf, Königsallee 92 a, Tel. 02 11/13 33 06; 4050 Mönchengladbach, Hindenburgstr. 249, Tel. 0 21 61/2 13 08; 4100 Duisburg, Averdunk-Center/Königstr., Tel. 02 03/33 91 35; 4130 Moers, Neumarkt-Eck am Rathaus, Tel. 0 28 41/2 37 71; 4150 Krefeld, Hansa-Center 32, Tel. 0 21 51/39 62 45; 4200 Oberhausen, Bero-Zentrum 84 a, Tel. 02 08/2 70 65; 4220 Dinslaken, Duisburger Str. 10, Tel. 0 21 34/5 45 57; 4250 Bottrop, Hochstr. 11, Tel. 0 20 41/68 44 84; 4300 Essen, Viehoferstr. 24, Tel. 02 01/23 92 85; 4330 Mülheim, Rhein-Ruhr-Zentrum, Tel. 02 08/49 81 92; 4400 Münster, Alter Steinweg 39, Tel. 02 51/4 23 52; 4440 Rheine, Emsstr. 71, Tel. 0 59 71/8 10 04; 4500 Osnabrück, Domhof 7 c, Tel. 05 41/2 78 75; 4600 Dortmund, Lütge Brückstr. 12, Tel. 02 31/57 89 36; 4630 Bochum, Kortumstr. 33, Tel. 02 34/6 61 23; 4650 Gelsenkirchen, Klosterstr. 13, Tel. 02 09/20 89 63; 4650 Gelsenkirchen-Buer, Hochstr. 54, Tel. 02 09/39 88 89; 4700 Hamm, Oststr. 3, Tel. 0 23 81/2 02 45; 4780 Lippstadt, Lippe-Galerie, Langestr., Tel. 0 29 41/5 83 32; 4790 Paderborn, Grube 8, Tel. 0 52 51/2 26 98; 4800 Bielefeld, Bahnhofstr. 37, Tel. 05 21/6 61 52; 4950 Minden, Martinikirche, Tel. 05 71/8 75 80; 5000 Köln, Mittelstr. 12–14/Bazaar de Cologne, Tel. 02 21/23 26 06; 5010 Bergheim 3, Graf-Otto-Str. 19, Quadrath, Tel. 0 22 71/9 30 32; 5100 Aachen, Rethelstr. 3, Tel. 02 41/2 52 54; 5140 Erkelenz, Paul-Rüttchen-Str. (Kontramarkt), Tel. 0 24 31/63 61; 5270 Gummersbach, Wilhelmstr. 7, Tel. 0 22 61/6 47 84; 5300 Bonn, Bonngasse 14, Tel. 02 28/63 66 67; 5350 Euskirchen, Hochstr. 56, Tel. 0 22 51/5 55 21; 4500 Koblenz, Casinostr. 15–19, Tel. 02 61/1 49 25; 5500 Trier; Neue Str. 6, Tel. 06 51/4 82 41; 5600 Wuppertal-Elberfeld, City-Center, Tel. 02 02/44 12 81; 5650 Solingen, Goerdelerstr./Bachtorzentrum; 5800 Hagen, Elberfelder Str. 64, Tel. 0 23 31/1 74 38; 5860 Iserlohn, Marktpassage, Tel. 0 23 71/2 32 96; 5880 Lüdenscheid, Ringmauerstr. 5, Tel. 0 23 51/35 10; 5900 Siegen, Marburger Str. 34, Tel. 02 71/5 45 40; 6000 Frankfurt, Kaiserstr. 11, Tel. 0 69/29 14 81; 6100 Darmstadt, Wilhelminenpassage, Tel. 0 61 51/2 20 78; 6200 Wiesbaden, Mauritius-Galerie, Tel. 06 11/37 81 66; 6300 Gießen, Kaplanspassage 4, Tel. 06 41/3 88 48; 6500 Mainz-Altstadt, Kirschgarten 4, Tel. 0 61 31/22 81 41; 6544 Kirchberg, Hauptstr. 55, Tel. 0 67 63/28 11; 6600 Saarbrücken, Dudweilerstr. 12, Tel. 06 81/3 90 89 94; 6740 Landau, Ostbahnstr. 13, Tel. 0 63 41/8 58 18; 6800 Mannheim, Kurpfalz-Passage, Tel. 06 21/15 46 62; 6950 Mosbach, Entengasse 4, Tel. 0 62 61/1 40 20; 7000 Stuttgart, Lautenschlagerstr. 3, Tel. 07 11/29 14 69; 7500 Karlsruhe, Herrenstr. 23, Tel. 07 21/2 48 45; 7530 Pforzheim, City-Einkaufspark, Tel. 0 72 31/3 32 54; 7800 Freiburg, Grünwälderstr./Dietler-Passage, Tel. 07 61/38 12 13; 8000 München 2, Sendlingerstr./Asamhof, Tel. 0 89/26 41 59; 8300 Landshut, Altstadt 193, Tel. 08 71/2 44 24; 8400 Regensburg, Malergasse 3, Tel. 09 41/56 35 81; 8480 Weiden, Siechenstr. 13, Tel. 09 61/2 77 10; 8500 Nürnberg, Karolinenstr., Tel. 09 11/23 25 33; 8700 Würzburg, Oberthürstr. 3, Tel. 09 31/1 56 08; 8751 Elsenfeld, Marienstr. 21, Tel. 0 60 22/78 34; 8900 Augsburg, Maximilianstr./Ulrichsplatz 8–10, Tel. 08 21/15 54 82; CH-8001 Zürich, Obere Dorfstr. 8, Tel. 00 41/1/2 61 20 10; CH-8887 Mels, Sarganser Str. 48, Tel. 00 41/85/2 70 70; B-1980 Tervuren, Spinnrad Benelux, Hofkenstraat 2, Tel. 00 32/02/7 67 97 85; B-2000 Antwerpen, Eiermarkt 19, Tel. 00 32/3/2 31 56 75; B-9000 Gent, Grootkanon Plein 7, Tel. 00 32/91 25 45 22; NL-3438 EV Nieuwegein, Symfonielaan 16, 00 31/34 02-5 14 78.
* Fa. COLIMEX-ZENTRALE, 5000 Köln 1, Mozartstr. 7, Tel. 02 21/21 04 13-12.
COLIMEX-AUSLIEFERUNGSLÄDEN: 2050 Hamburg-Bergedorf, Alte Holstenstr. 22, Tel. 0 40/7 21 10 34; 2370 Rendsburg, Jungfernstieg 6, Tel. 0 43 31/2 46 46; 3000 Hannover 1, Andreastr. 2 b, Tel. 05 11/32 43 22; 5000 Köln 1, Schildergasse 84 a, Tel. 02 21/23 86 25; 4150 Krefeld, Hochstr. 62, Ecke Neumarkt, Tel. 0 21 51/63 16 55; 5100 Aachen, Alexianergraben 9 (City-Center), Tel. 02 41/3 03 27; 7800 Freiburg, Schwarzwald-City, Schiffstr. 5; Tel. 07 61/2 69 54; 8208 Rosenheim/Kolbermoor, Försterstr. 8, Tel. 0 80 31/9 35 57; 8750 Aschaffenburg, Ludwigstr. 17, Tel. 0 60 21/2 64 64; * NL-8081 LZ Elburg, Clakenweg 140, Tel. 00 31/52 50/33 49; NL-8011 PG Zwolle, Nieuwe Markt 32, Tel. 00 31/38/23 01 84.
* KOSMETIK-BAZARE; 2300 Kiel, Eggerstedtstr., Tel. 04 31/9 29 23; * 2860 Osterholz-Scharmb., Kirchenstr. 19, Tel. 0 47 91/83 26; * 2970 Emden, Neutorstr. 58, Tel. 0 49 21/2 46 46; * 3550 Marburg, Augustinergasse, Tel. 0 64 21/16 13 63; * 4050 Mönchen-Gladbach, Hindenburgstr. 240; * 4402 Greven, Alte Münsterstr. 28, Tel. 0 25 71/66 21; * 4420 Coesfeld, Gartenstr. 5, Tel. 0 25 41/60 69; * 4440 Rheine, Matthias-Str. 5, Tel. 0 59 71/1 54 21; * 4708 Kamen, Märkische Str. 28, Tel. 0 23 07/47 72; * 4780 Lippstadt, Kahlenstr. 2, Tel. 0 29 41/7 84 66; * 4930 Detmold, Paulinenstr. 9, Tel. 0 52 31/3 96 14; * 4950 Minden, Martinitreppen 5, Tel. 05 71/8 48 10; * 5350 Euskirchen, Hochstr. 62; * 5400 Koblenz, Löhrstr. 98, Tel. 02 61/3 83 10; * 5600 Wuppertal 2, Kleestr. 42, * 6300 Gießen, Frankfurter Str. 1–5, Tel. 06 41/7 69 79; * 6200 Wiesbaden, Wagemannstr. 3, Tel. 0 61 21/37 93 70; * 6750 Kaiserslautern, Grüner Graben 3; * 8764 Kleinheubach, Dientzenhoferstr. 14; * L-6945 Niederanven, 32 A Rue Laach, Tel. 0 03 52/34 84 37

ALC COSMETIC, 2876 Berne 2, Kranichstr. 2, Tel. 0 44 06/61 44
ALTAMIRA, 8130 Starnberg, Söckingerstr. 7, Tel. 0 81 51/2 85 71
* BELLA DONNA, 7410 Reutlingen, Begenhäuserhofstr. 4, Tel. 0 71 21/32 14 16
* BERGMANN COSMETICS, 3320 Salzgitter-Bleckenstedt, Hinterdorf 15, Tel. 0 53 41/6 03 39; 3340 Wolfenbüttel, Juliusweg 1 a, Tel. 0 53 31/2 93 85,
Biotruhe, 7300 Esslingen, Katharinenstr. 29, Tel. 07 11/35 46 04
BRENNESSEL, 8000 München 40, Türkenstr. 60, Tel. 089/28 03 03
City Kosmetik; 4800 Bielefeld 1, Feilenstr. 2, Tel. 05 21/17 82 06
* Fa COLETTE, 2400 Lübeck, Kapitelstr. 5, Tel. 04 51/7 08 69
* Fa. COSMEDA, 4040 Neuss 1, Neumarkt 4, Tel. 0 21 01/27 72 12; * 4220 Dinslaken 1, Altmarkt 17, Tel. 0 21 34/1 51 78, * 4005 Meerbusch 3,
Gonellastr. 13, Tel. 0 21 50/66 25
* Cosmetic System, CH-8005 Richterswil, Untermattstr. 47, Tel. 00 41/1/7 85 02 30
COSMETIC-BAUKASTEN, 4800 Bielefeld 1, Arndtstr. 51, Tel. 05 21/13 10 08
* CREATIV-COSMETIC Erwin Krexhammer, A-1070 Wien, Lindengasse 2, Tel. 00 43/2 22/93 32 05
Dorf-Lädeli, CH-8863 Buttikon, Kantonsstr. 49, Tel. 00 41/55/67 18 54
* DUFT & SCHÖNHEIT, 8000 München 2, Sendlinger Str. 55, Tel. 0 89/2 60 82 59
Edel's Kornmühle, Peter Musekamp; 4450 Lingen, Georgstr. 25, Tel. 05 91/5 28 89
* FELDKAMP-CHRISTEL, 5650 Solingen 1, Am Neumarkt 27, Tel. 02 12/1 03 32
* Fa. Kräuter FISCHER, 4840 Rheda-Wiedenbrück, Markt 3, Tel. 0 52 42/5 59 58
* Hanni's Bioshop, 8901 Gablingen, Achsheimer Str. 10, Tel. 0 82 30/98 97
* HOBBY-KOSMETIK, Christian Schillert, 4370 Marl, Lipper Weg 33, Tel. 0 23 65/73 35
* HOBBY-KOSMETIK Eleonore Filus, 8900 Augsburg, Lechhauserstr. 3, Tel. 08 21/15 53 46; Auslieferungsladen: 8721 Dittelbrunn, Erlenstr. 25,
Tel. 0 97 21/4 41 90; 8264 Waldkraiburg/Inn, Pürtenerstr. 34, Tel. 0 86 38/70 73
* INATURA Kosmetik zum Selbermachen, 5620 Velbert 1, Friedrichstr. 303, Tel. 0 20 51/2 33 55
* Interwega Handels AG, CH-8863 Buttikon, Kantonsstr. 49, Tel. 00 41/55/67 18 54
* JANSON GmbH, 7500 Karlsruhe 1, Kaiserpassage 16, Ecke Akademiestr., Tel. 07 21/2 64 10
* JASMIN KOSMETIK ZUM SELBERMACHEN, 4000 Düsseldorf 1, Friedrichstr. 7, Tel. 02 11/37 86 55
* JOJOBA-NATURKOSMETIK, 5900 Siegen 21, Bismarckstr. 5/Siegerlandzentrum, Tel. 02 71/79 02 01
Kosmetik Kleopatra, 8120 Weilheim, Ledererstr. 5/Bachbräu
KOSMETIK ZUM SELBERMACHEN, 8070 Ingolstadt, Sauerstr. 9, Tel. 08 41/3 37 11
KOSMETIK ZUM SELBERMACHEN, 8412 Burg Lengenfeld, Robert-Schumann-Str. 10, Tel. 0 94 71/68 35
McQUEEN'S NATURSHOP, 2000 Wedel, EKZ Rosengarten 6 B, Tel. 0 41 03/1 49 50
NATURWARENLADEN; 8723 Gerolzhofen, Weiße Turmstr. 1, Tel. 0 93 82/41 15
* Fa. OMIKRON; 7129 Neckarwestheim, Marktplatz 5, Tel. 0 71 33/1 70 81; 7100 Heilbronn, Postpassage, Tel. 0 71 31/16 64 43
* POTPOURRI Umweltladen, 7252 Merklingen, Katharinenstr. 4, Tel. 0 70 33/3 39 29
* Fa. PURA NATURA; 8500 Nürnberg 1, Johannesgasse 53–55, Tel. 09 11/20 95 22
* Fa. Rasim; 4230 Wesel, RWE-Str. 38, Tel. 02 81/53 05 28
* rein & fein; 8080 Fürstenfeldbruck, Münchner Str. 25, Tel. 0 81 41/45 48
Silvis Naturladen; 1000 Berlin 20, Pichelsdorferstr. 93, Tel. 0 30/3 32 40 73
* Fa. STELLA; 7336 Uhingen, Bleichereistr. 41, Tel. 0 71 61/3 73 21
* Fa. STEPHAN; 5760 Arnsberg 1, Mendener Str. 14, Tel. 0 29 32/2 50 00;
Sylivis Naturladen, 7959 Wain, Obere Dorfstr. 37, Tel. 0 73 53/14 65
* Fa. VON DER GATHEN, 4000 Düsseldorf 1, Schumannstr. 59, Tel. 02 11/66 61 23
* Fa. Zeich & Woar, 8670 Hof, Vorstadt 6
Die mit * gekennzeichneten Firmen betreiben auch Versandhandel.
Einige Substanzen erhalten Sie auch in Reformhäusern, Drogerien, Apotheken, Bioläden und Lebensmittelläden. Vergleichen Sie die Preise!

Hinweis:
Autoren und Verlag bemühen sich, in diesem Verzeichnis nur Firmen zu nennen, die hinsichtlich der Substanzen und Preise zuverlässig und günstig
sind. Trotzdem kann eine Gewährleistung von Autoren und Verlag nicht übernommen werden. Irgenwelche Formen von gesellschaftsrechtlicher
Verbindung, Beteiligung und/oder Abhängigkeit zwischen Autoren und Verlag einerseits und den hier aufgeführten Firmen andererseits existieren nicht.